IoT: INTERNET DE LAS COSAS

Cómo crear ecosistemas con herramientas de software libre

IoT: INTERNET DE LAS COSAS

Cómo crear ecosistemas con herramientas de software libre

Antonio Javier Díaz Longueira
Esteban Jove Pérez
Francisco Zayas Gato
José Luis Calvo Rolle

Departamento de Ingeniería Industrial
Universidad de A Coruña

IoT: INTERNET DE LAS COSAS.Cómo crear ecosistemas con herramientas de software libre
Antonio Javier Díaz Longueira; Esteban Jove Pérez; Francisco Zayas Gato, y José Luis Calvo Rolle

ISBN: 978-84-127825-4-7
EAN: 9788412782547
IBIC: UBW, UD

RC Libros
Calle Mar Mediterráneo, 2. N-6
28830 SAN FERNANDO DE HENARES, Madrid
Teléfono: +34 91 677 57 22
Fax: +34 91 677 57 22
Correo electrónico: info@rclibros.es
Internet: www.rclibros.es

Diseño de colección y pre-impresión: Grupo RC
Diseño de cubierta: Cuadratín
Impresión y encuadernación: Safekat
Depósito Legal: M- 26757-2024
Impreso en España

28 27 26 25 24 (1 2 3 4 5 6 7 8 9 10 11 12)

ÍNDICE

INTRODUCCIÓN...VII

CAPÍTULO 1. SISTEMA OPERATIVO 1

Introducción...1
Instalación de ORACLE VirtualBox...1
Descarga de imagen de Ubuntu Server...5
Creación de Máquina Virtual 5
Instalación de Ubuntu Server...13

CAPÍTULO 2. INSTALACIÓN DE SERVICIOS..23

Introducción...23
Herramientas básicas de red..23
Instalación de broker MQTT Mosquitto...27
Instalación de Node-RED..28
Instalación de InfluxDB 30
Instalación de Telegraf...32
Instalación de Grafana 34

CAPÍTULO 3. CONFIGURACIÓN DE SERVICIOS 37

Introducción...37
Configuración de Mosquitto 37

Configuración de InfluxDB..38
    Configuración a través de línea de comandos (CLI) 39
    Configuración a través de interfaz de usuario (UI)..........................40
Configuración de Telegraf 44

CAPÍTULO 4. APLICACIÓN IoT **47**

Introducción...47
Gestión de dispositivos con ESP32 49
    Hardware ESP32...49
    Software ESP32 52
Gestión de datos con bucket de InfluxDB 58
Panel de control con Node-RED 65
    LED 68
    Temperature 69
    PushButton 70
    Cliente MQTT 70
    Ejecución y visualización 72
Dashboard con Grafana 73
    Configuración de fuente de datos...74
    Diseño de dashboard 78

CONCLUSIONES... **85**

BIBLIOGRAFÍA **87**

ANEXOS **89**

Listado de anexos..89
Anexo I: Ejemplo de configuración de fichero "telegraf.conf" 90
Anexo II: Código fuente de aplicación de ESP32 97
Anexo III: Fichero JSON de la aplicación de Node-RED......................103
Anexo IV: Fichero JSON con dashboard de InfluxDB 121

ÍNDICE ANALÍTICO.. **133**

INTRODUCCIÓN

Los avances tecnológicos de las últimas décadas han supuesto un cambio profundo en el modelo de generación e intercambio de datos (Shafique *et al.*, 2020). En este sentido, el rápido desarrollo de las redes de comunicaciones, sensores inteligentes y el aumento de la capacidad de análisis de grandes volúmenes de datos han contribuido, entre otros, al desarrollo del paradigma del Internet of Things (IoT) (Huang *et al.*, 2023).

El IoT sigue creciendo a gran velocidad en muchos contextos, especialmente en el campo de la medicina (Dahmani *et al.*, 2022), *Smart Cities* (Yu, Yang and Liu, 2022), Industria 4.0 (Aheleroff *et al.*, 2020) o vehículos autónomos (Khaydaraliev, Rhie and Kim, 2022). Como consecuencia, la integración de dispositivos con conectividad para la adquisición de datos de todo tipo de procesos es un hecho en casi cualquier aplicación de digitalización. Se trata de una revolución tecnológica que va ligada al futuro de la computación y las comunicaciones (Madakam, Ramaswamy and Tripathi, 2015).

Por otro lado, cobran especial importancia no solo los elementos de generación y captura de datos, sino también las herramientas para su almacenamiento y análisis. En este sentido, existen distintas vías para integrar los servicios necesarios que satisfagan los requisitos de una aplicación IoT. Desde plataformas *cloud* ofrecidas por los principales proveedores de servicios de computación en la nube, hasta soluciones de código abierto enfocadas en el prototipado y muy atractivas para su uso en el ámbito académico.

En este libro se detalla la implementación de un ecosistema IoT basado en herramientas de software libre para su uso en un contexto educativo. Teniendo en cuenta lo comentado anteriormente, se incorporan elementos que cubren varios aspectos relacionados con la adquisición de datos de sensores y la gestión de la información a través de un servidor.

El núcleo de esta solución está compuesto por un servidor con sistema operativo *Ubuntu Server* que alojará y ejecutará una serie de servicios. Entre ellos, se dispone del servicio *Mosquitto* que asume el rol de *broker* MQTT (*Message Queuing Telemetry Transport*) que gestiona y orquesta el intercambio de información entre dispositivos que se comunican a través de dicho protocolo. Por otra parte, se despliega el servicio *InfluxDB*, una base de datos de series temporales para el almacenamiento de registros históricos. Esto es muy útil, por ejemplo, en aplicaciones que integren sensores que recojan datos de todo tipo de procesos y se necesite registrar su evolución a lo largo del tiempo. Además, se incorpora el software *Node-RED*, una herramienta de programación gráfica muy útil para el manejo de distintos protocolos de comunicación o para la creación de *dashboards* o paneles de control entre otros. Finalmente, se integra *Grafana* como herramienta flexible de diseño de *dashboards* o paneles de visualización con múltiples conectores para la recogida de datos de distintas fuentes.

La primera parte de este libro aborda la instalación y configuración de todas las herramientas citadas anteriormente. Luego, en la segunda parte se detalla el desarrollo de una aplicación que propone el uso de dispositivos hardware de bajo coste para emular la adquisición de datos de sensores y el posterior almacenamiento y visualización de datos, además del control remoto de algunas variables del sistema.

SISTEMA OPERATIVO 1

INTRODUCCIÓN

En este libro se aporta una solución desarrollada a partir de un servidor con una distribución Ubuntu Server 22.04.1 LTS alojada en una Máquina Virtual, configurada en un equipo convencional con S.O. principal Windows. La razón por la cual se describe de este modo es para facilitar el despliegue de un servidor de pruebas en un equipo personal (portátil, sobremesa, etc.). Un caso típico podría ser el de un alumno que desee implementar una solución IoT sin necesidad de recursos adicionales más allá de su ordenador personal. En cualquier caso, la implementación de un servidor con Ubuntu Server como S.O. principal sin virtualizar se desarrollaría igualmente obviando la descripción de la configuración de la MV de la sección: Instalación de ORACLE VirtualBox, y siguiendo las instrucciones de las secciones: Descarga de imagen de Ubuntu Server e Instalación de Ubuntu Server.

Instalación de ORACLE VirtualBox

El primer paso es la descarga del software VirtualBox de ORACLE desde la web *https://www.virtualbox.org/wiki/Downloads*, clicando en la opción *Windows hosts* (Figura 1).

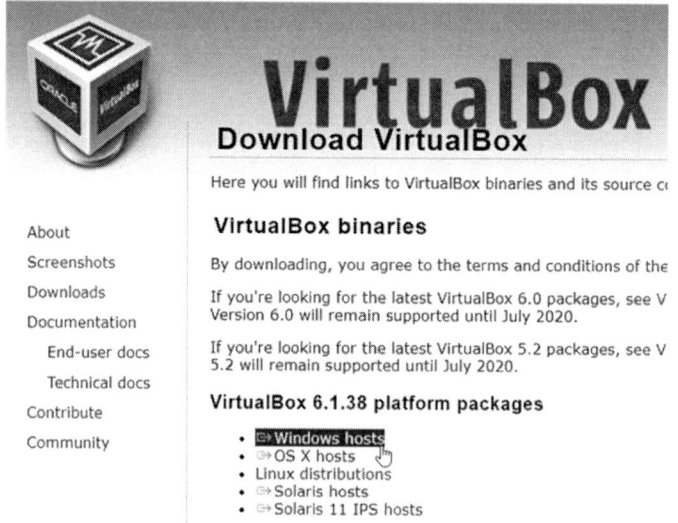

Figura 1. Web para descarga de ORACLE VirtualBox

A continuación, se ejecuta el instalador y se siguen los pasos ilustrados en las Figuras 2, 3, 4, 5 y 6.

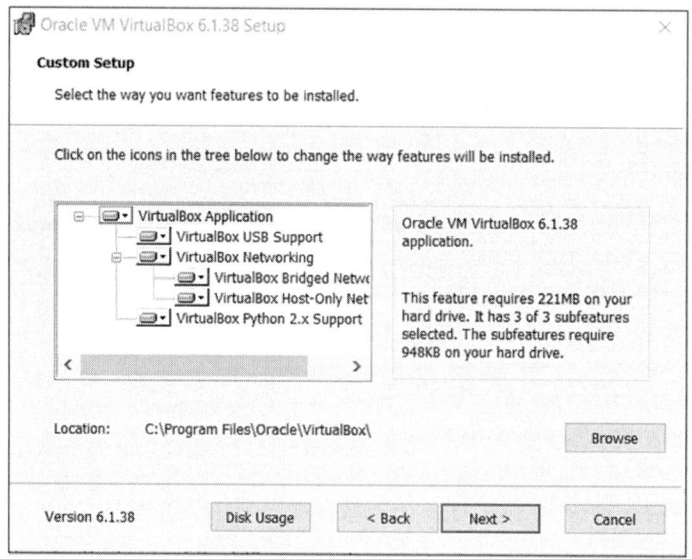

Figura 2. Proceso de instalación de VirtualBox. Paso 1

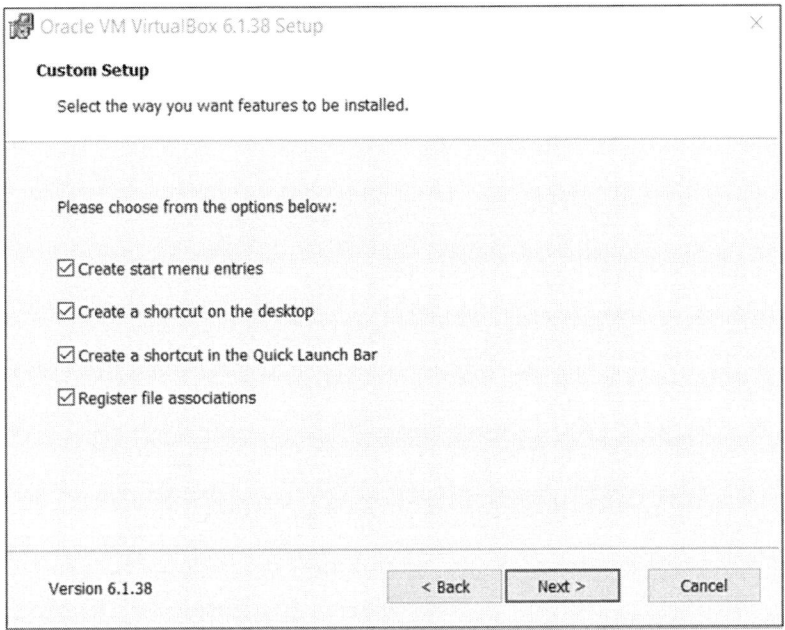

Figura 3. Proceso de instalación de VirtualBox. Paso 2

Figura 4. Proceso de instalación de VirtualBox. Paso 3

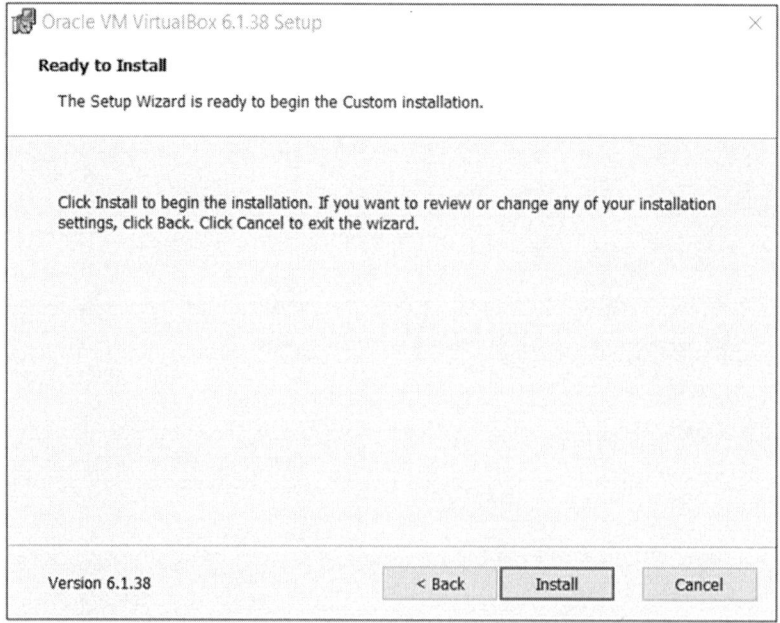

Figura 5. Proceso de instalación de VirtualBox. Paso 4

Figura 6. Proceso de instalación de VirtualBox. Paso 5

Descarga de imagen de Ubuntu Server

La descarga de la imagen del S.O. Ubuntu Server se puede realizar directamente desde la web de Ubuntu en la sección de descargas *https://ubuntu.com/download/server* (Figura 7). Es posible acceder a la descarga de versiones anteriores desde la misma web, en caso de que la versión 22.04.1 (propuesta para este libro) no sea la que figure en primer lugar. Es importante tener en cuenta que la descripción de la instalación y configuración de todas las herramientas que se proponen en este libro, se ha realizado sobre la versión 22.04.1 LTS de Ubuntu Server. Por ello, en caso de optar por una versión de S.O. diferente, las instrucciones aportadas en este libro podrían no cumplir con la funcionalidad esperada.

Figura 7. Web para descarga de imagen de Ubuntu Server

Después de clicar sobre el botón de descarga *Download Ubuntu Server 22.04.1 LTS*, se puede verificar la obtención del archivo *"ubuntu-22.04.1-live-server-amd64.iso"*.

Creación de Máquina Virtual

El siguiente paso es la creación de una MV que ejecute Ubuntu Server. Para ello, en primer lugar, se debe lanzar la aplicación de VirtualBox (Figura 8). Es importante ejecutar la aplicación como administrador para evitar problemas de escritura en directorios con permisos especiales. Luego, desde la interfaz principal de VirtualBox clicamos en "Nueva" (Figura 9). A continuación, damos nombre a nuestra MV, seleccionamos la carpeta de destino, tipo de S.O. Linux, versión Ubuntu (64-bit) y clicamos en *"Next"* (Figura 10).

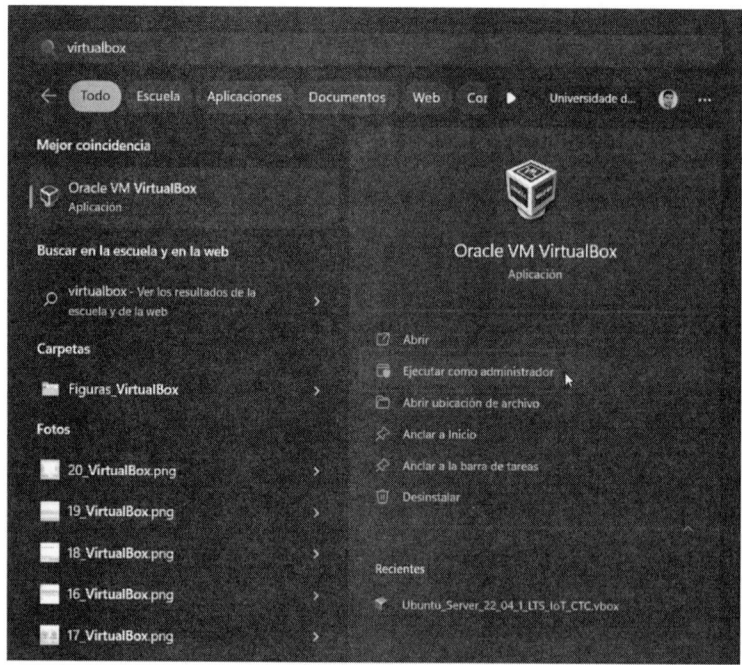

Figura 8. Lanzamiento de aplicación de VirtualBox desde el menú de inicio de Windows

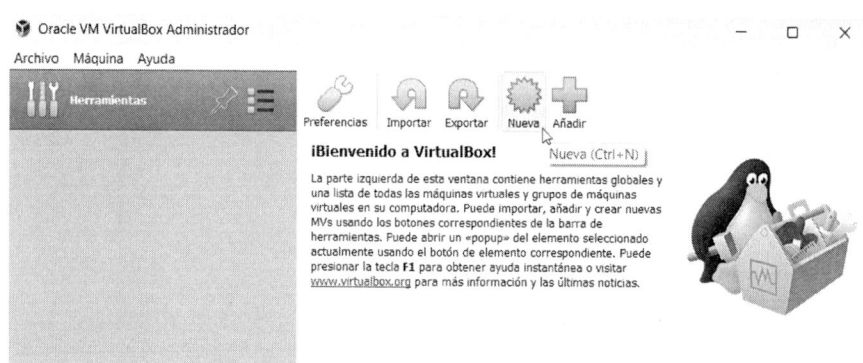

Figura 9. Creación de MV: nueva MV

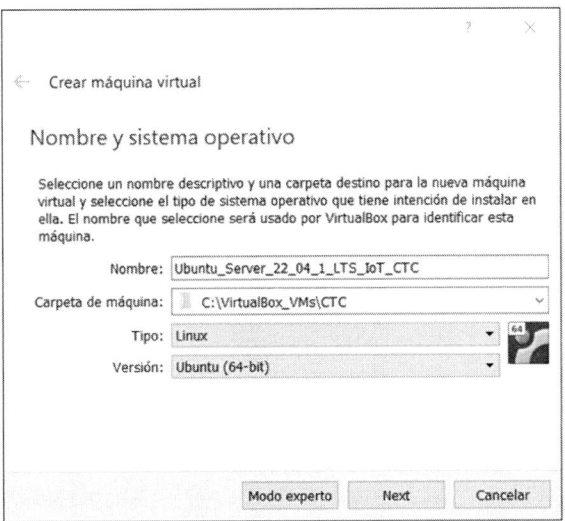

Figura 10. Creación de MV: nombre y S.O.

Posteriormente, se debe indicar el tamaño de memoria RAM. Por ejemplo, de 4096 MB (Figura 11), la creación de un disco duro virtual (Figura 12), el tipo de disco duro virtual (VDI en este caso, Figura 13), el tipo de almacenamiento (dinámico, Figura 14), y, finalmente, la ubicación y el tamaño máximo del disco duro virtual (por ejemplo, 10 GB, Figura 15).

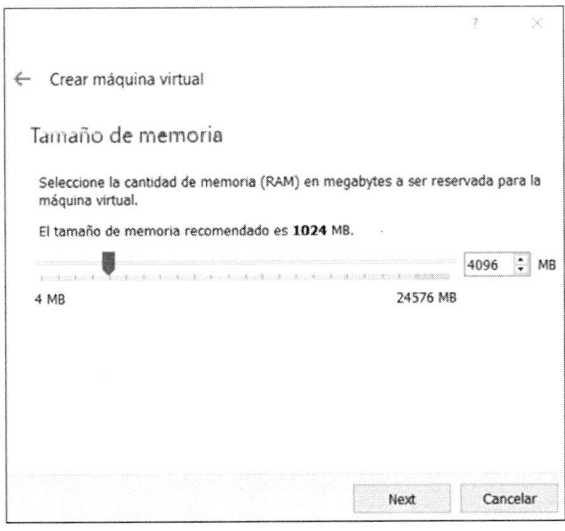

Figura 11. Creación de MV: asignación de memoria RAM

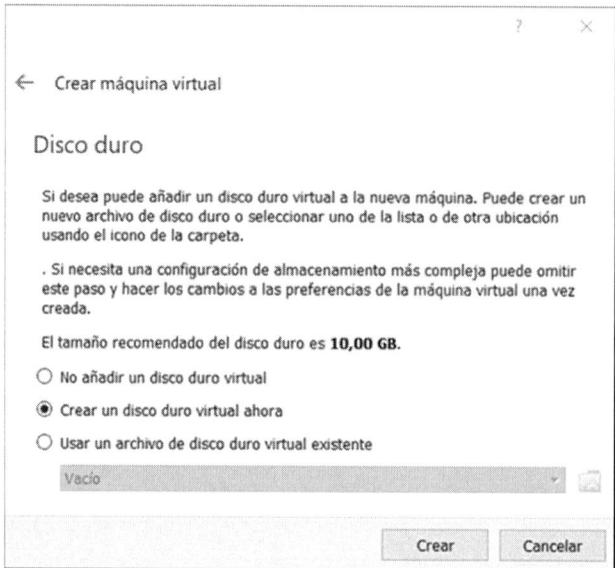

Figura 12. Creación de MV: creación de disco duro virtual

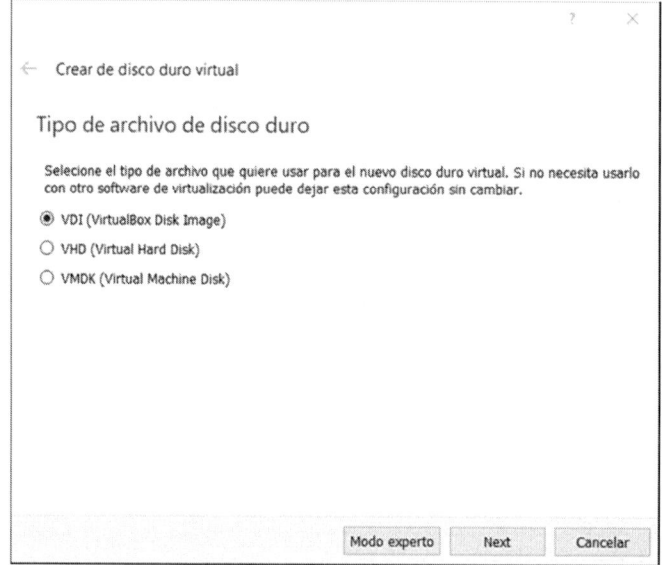

Figura 13. Creación de MV: tipo de disco duro virtual

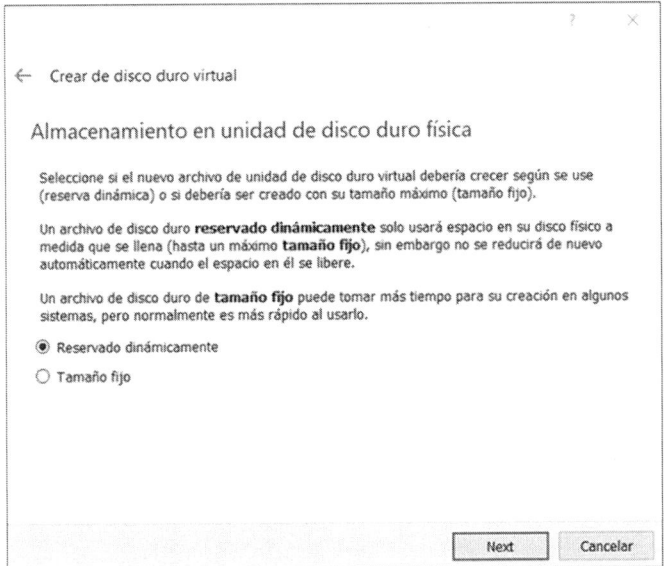

Figura 14. Creación de MV: tipo de almacenamiento

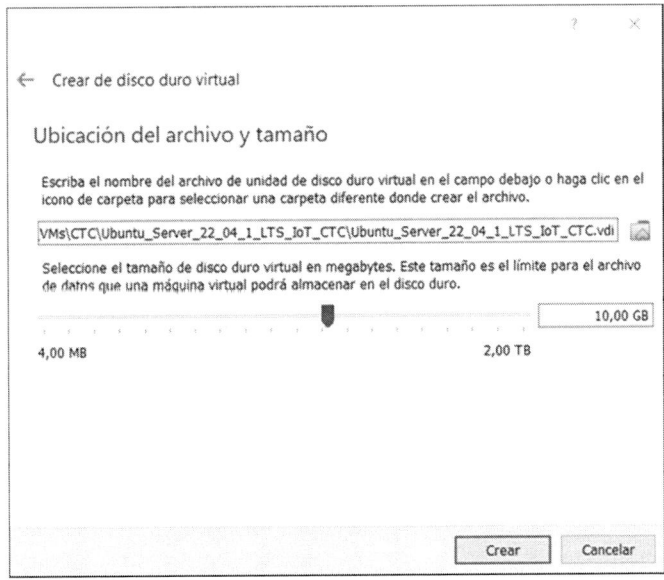

Figura 15. Creación de MV: tamaño máximo del disco duro virtual

Una vez configurada la MV, se puede verificar el conjunto de parámetros en la pantalla de inicio de VirtualBox (Figura 16).

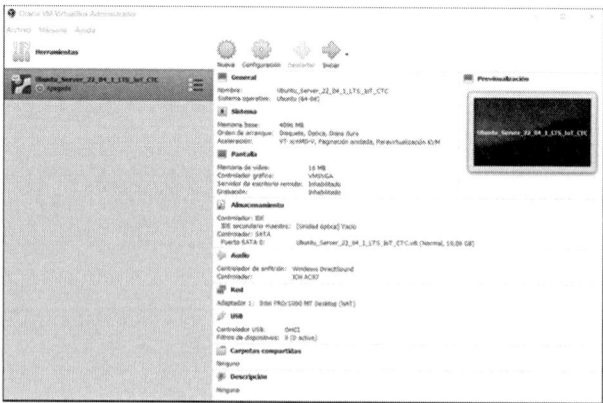

Figura 16. Creación de MV: verificación de parámetros de la MV

El siguiente paso es añadir el archivo imagen del S.O. Para ello, en la sección Almacenamiento de nuestra MV, se debe clicar en "[Unidad Óptica] Vacío" y luego "Seleccionar/crear una imagen de disco..." (Figura 17). A continuación, se clica en "Añadir" para añadir la imagen de disco (Figura 18). Posteriormente, se selecciona el archivo imagen previamente descargado (Figura 19). Cabe resaltar que es útil alojar el archivo de imagen ".iso" dentro de la carpeta donde se ha creado el archivo de la MV, para que todas las herramientas queden agrupadas.

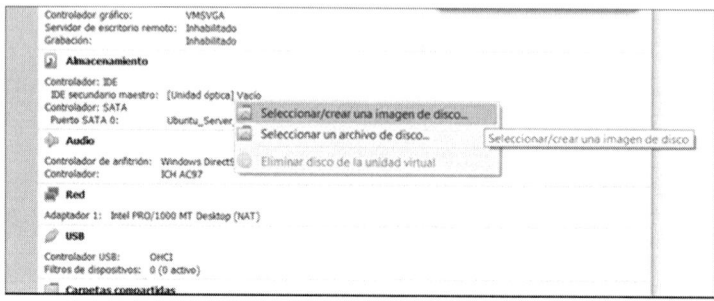

Figura 17. Creación de MV: selección de imagen de disco

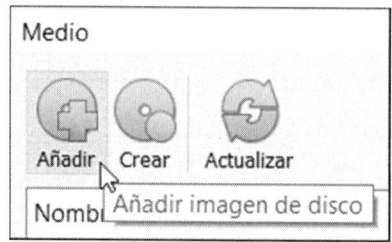

Figura 18. Creación de MV: añadir imagen de disco

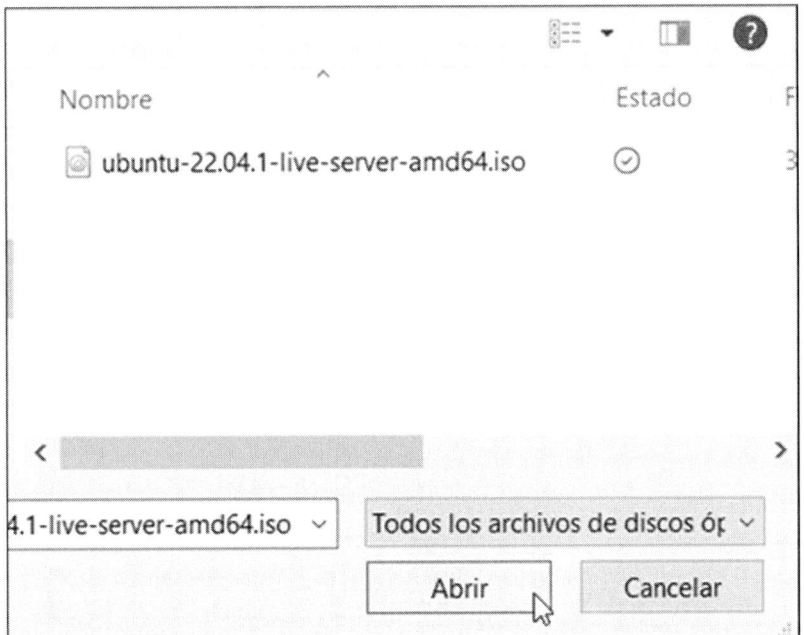

Figura 19. Creación de MV: añadir imagen ".iso" de Ubuntu Server

En la sección de Almacenamiento debería aparecer la imagen ".iso" que se ha añadido en los pasos anteriores, además de su tamaño entre paréntesis (Figura 20).

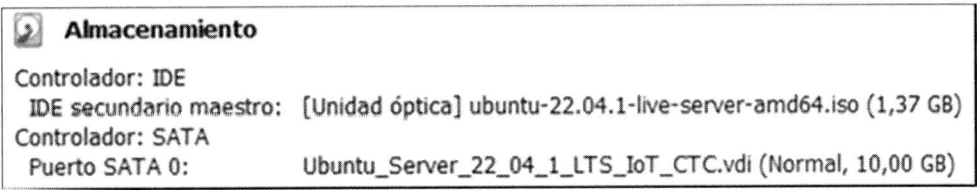

Figura 20. Creación de MV: verificación de carga de imagen de Ubuntu Server

Luego, se configura el adaptador de red de la máquina virtual como "Adaptador puente", en lugar de NAT como viene configurado por defecto. De este modo, la MV se comportará como un equipo más dentro de la red obteniendo una IP dentro del rango. Para ello, desde el menú principal de VirtualBox, se clica en el botón "Configuración", luego en el submenú "Red", y en el desplegable "Conectado a:" se selecciona "Adaptador puente" (Figura 21).

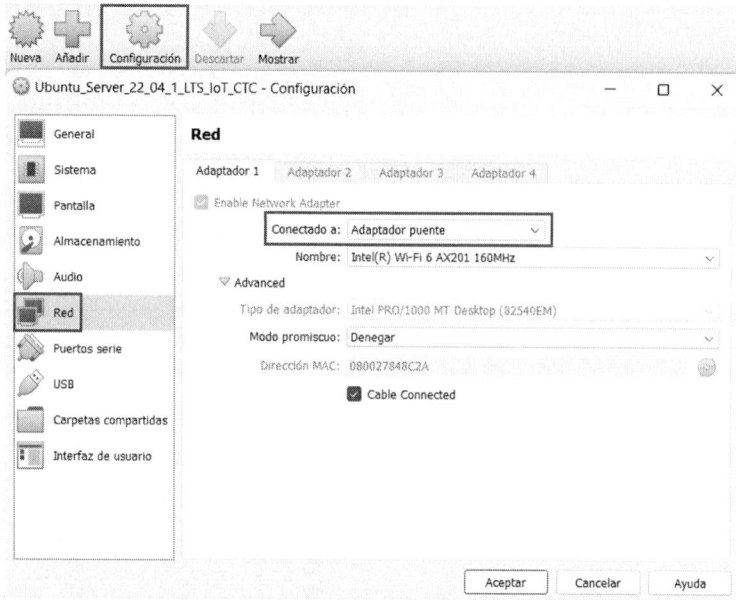

Figura 21. Creación de MV: configuración de adaptador de red

Finalmente, desde el menú de configuración se accede al submenú "Sistema" y se seleccionan los núcleos del procesador ("*Processors:*") (Figura 22). Es conveniente establecer un mínimo de 2 núcleos de la CPU para evitar problemas de ejecución.

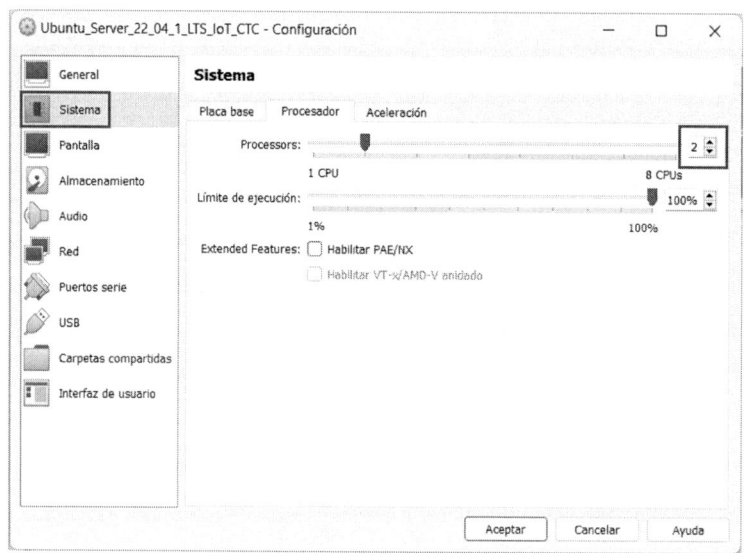

Figura 22. Creación de MV: configuración del procesador

En este punto ya es posible iniciar la máquina virtual para comenzar con la instalación del S.O. (Figura 23).

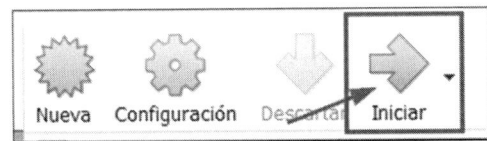

Figura 23. Creación de MV: arranque de máquina virtual

Instalación de Ubuntu Server

En esta sección se detalla paso a paso el proceso de instalación de Ubuntu Server 22.04.1 LTS. Cabe destacar que las instrucciones son comunes para ejecución a través de una MV y también sin virtualizar como S.O. principal del equipo. En caso de optar por no virtualizar, la instalación se puede realizar arrancando el equipo desde un medio extraíble (p.ej., un dispositivo de almacenamiento USB), con la imagen ".iso" del S.O. previamente almacenada en él (del mismo modo que se instalaría cualquier otro S.O.).

En la primera pantalla, una vez arrancado por primera vez Ubuntu Server 22.04.1 LTS, se selecciona *"Try or Install Ubuntu Server"* (Figura 24). Es importante tener en cuenta que en la parte inferior de esta pantalla se explica la manera de navegar en los sucesivos menús de instalación.

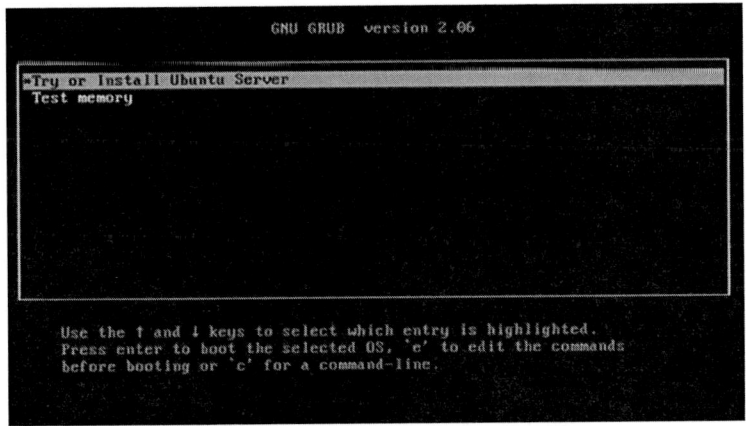

Figura 24. Instalación de Ubuntu Server: arranque y primer paso

Después de inicializar una serie de servicios se deben seleccionar el idioma y la distribución de teclado (Figuras 25 y 26).

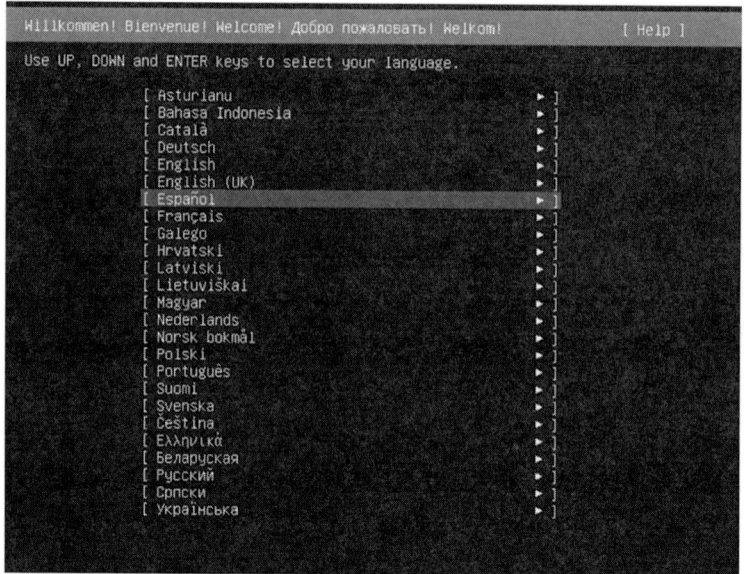

Figura 25. Instalación de Ubuntu Server: selección de idioma

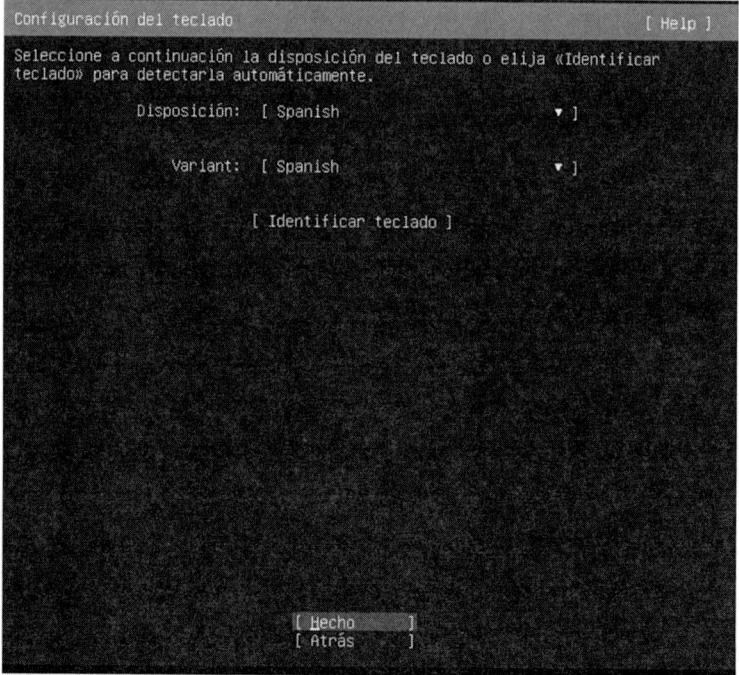

Figura 26. Instalación de Ubuntu Server: distribución de teclado

El siguiente paso es la selección del tipo de instalación. En este caso, la base de instalación por defecto (Figura 27). Luego, las conexiones de red (por defecto, aparecerá el adaptador Ethernet o WiFi activo en el equipo, Figura 28). Posteriormente, es posible configurar un servidor *proxy*, aunque en este caso se obvia este paso (Figura 29). A continuación, se configura la URL para *Ubuntu archive mirror*. En este caso, se configura la URL por defecto: (*http://es.archive.ubuntu.com/ubuntu*, Figura 30).

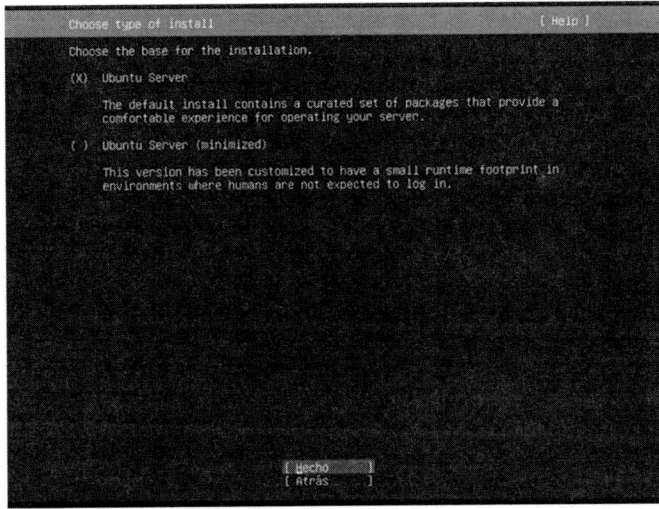

Figura 27. Instalación de Ubuntu Server: tipo de instalación

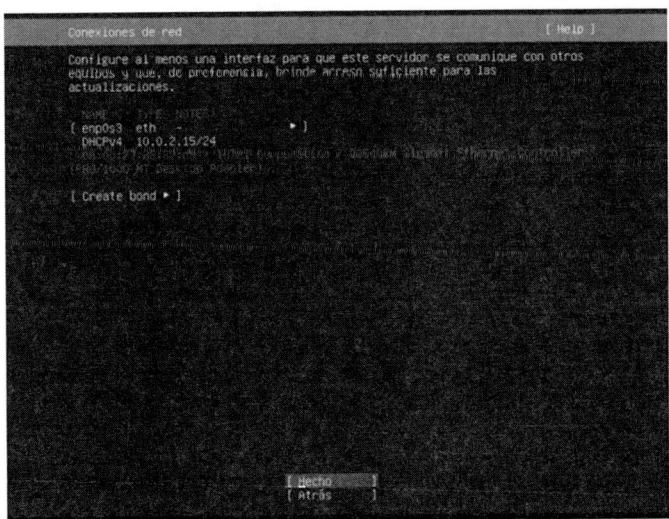

Figura 28. Instalación de Ubuntu Server: conexiones de red

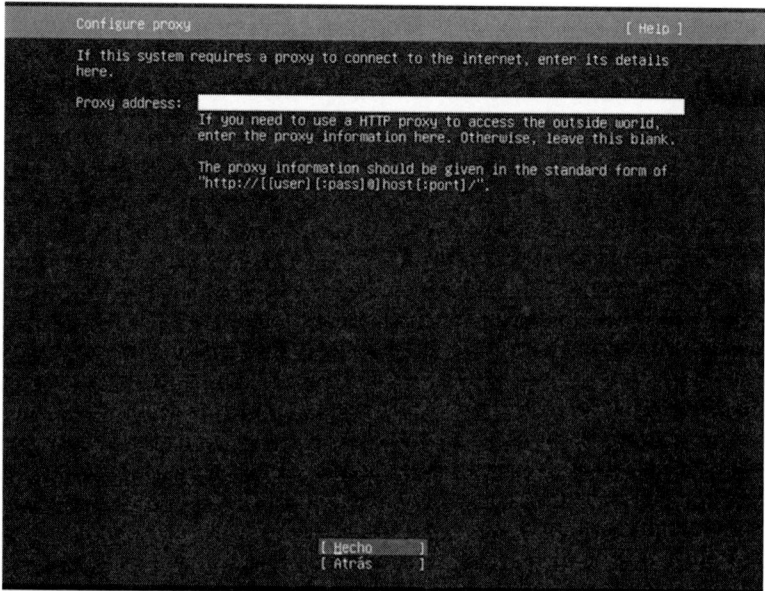

Figura 29. Instalación de Ubuntu Server: servidor proxy

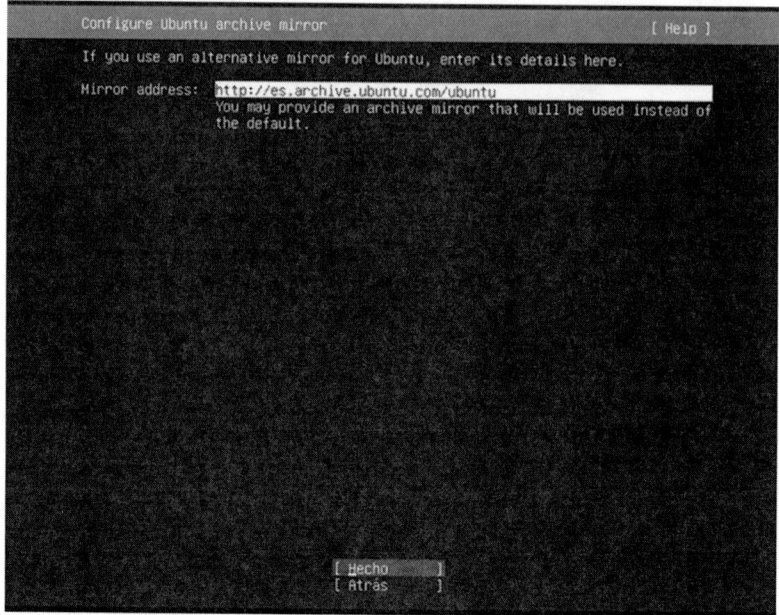

Figura 30. Instalación de Ubuntu Server: URL Ubuntu archive mirror

En cuanto al almacenamiento, y concretamente en caso de instalación sobre MV, se selecciona el disco que se había creado previamente con un máximo de 10 GB (Figura 31). De otro modo, en caso de no virtualización, se seleccionará el disco del equipo que se crea conveniente. A continuación, es posible configurar varias particiones. En este caso, se aceptan las particiones propuestas por defecto (Figura 32) y se confirma el formateo de disco (Figura 33).

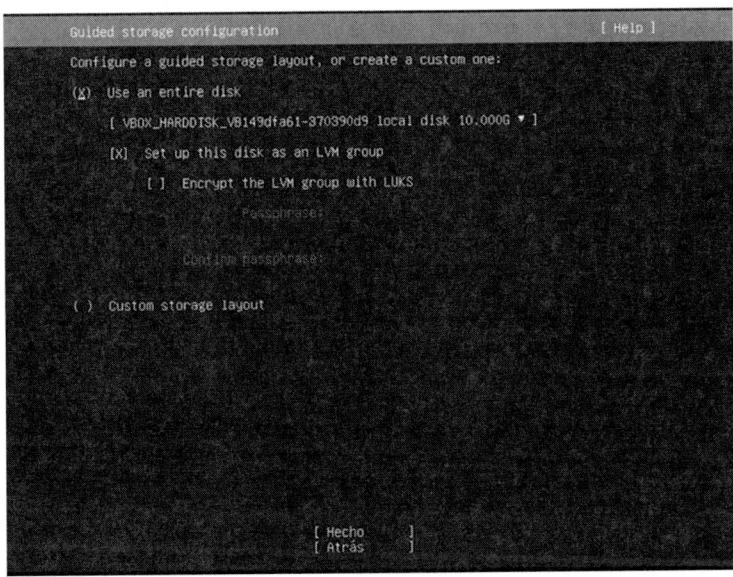

Figura 31. Instalación de Ubuntu Server: configurar disco de almacenamiento

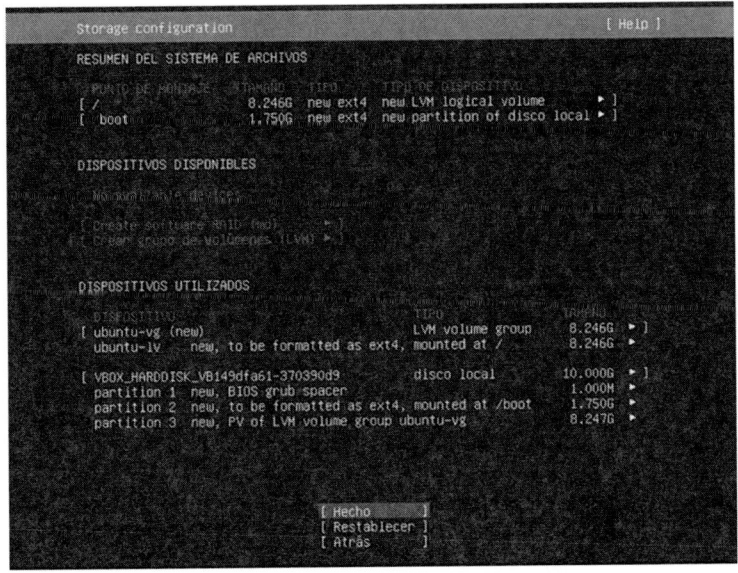

Figura 32. Instalación de Ubuntu Server: particiones de disco

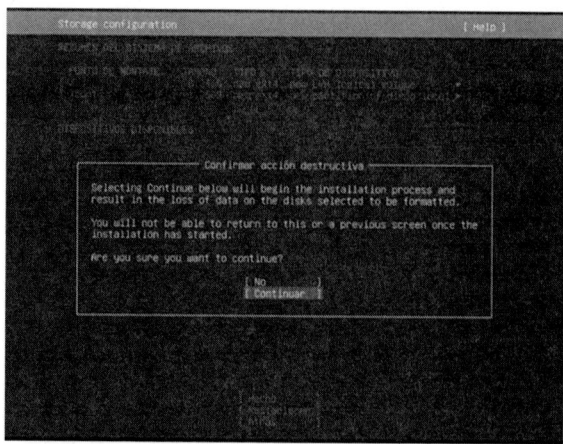

Figura 33. Instalación de Ubuntu Server: confirmar formateo de disco

El siguiente paso es la configuración del perfil para acceder al sistema. Se asignará: nombre, nombre del servidor, nombre de usuario y contraseña (Figura 34). Luego, otro paso importante es la instalación y habilitación del servidor OpenSSH para acceder remotamente y de forma segura al servidor (Figura 35). Posteriormente, la guía de instalación ofrece la posibilidad de instalar algunos servicios utilizados comúnmente. Por ejemplo, se puede observar que es posible instalar servicios como *Docker* o *Mosquitto*, entre otros (Figura 36). Aunque se van a necesitar estos servicios para nuestro servidor, su instalación se realizará más adelante. De este modo, se evita depender de que esta opción no se incluya en futuras instalaciones de Ubuntu Server.

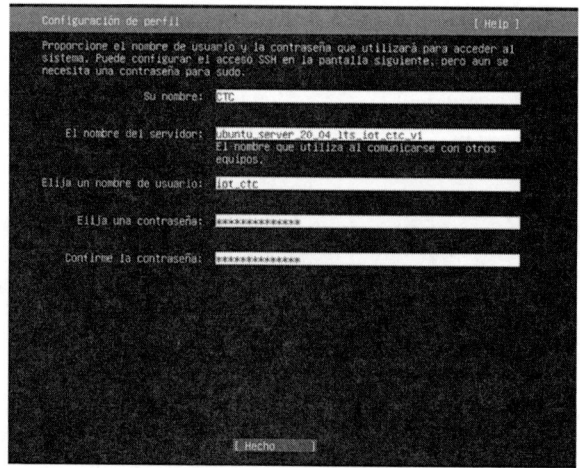

Figura 34. Instalación de Ubuntu Server: configuración de perfil de acceso al sistema

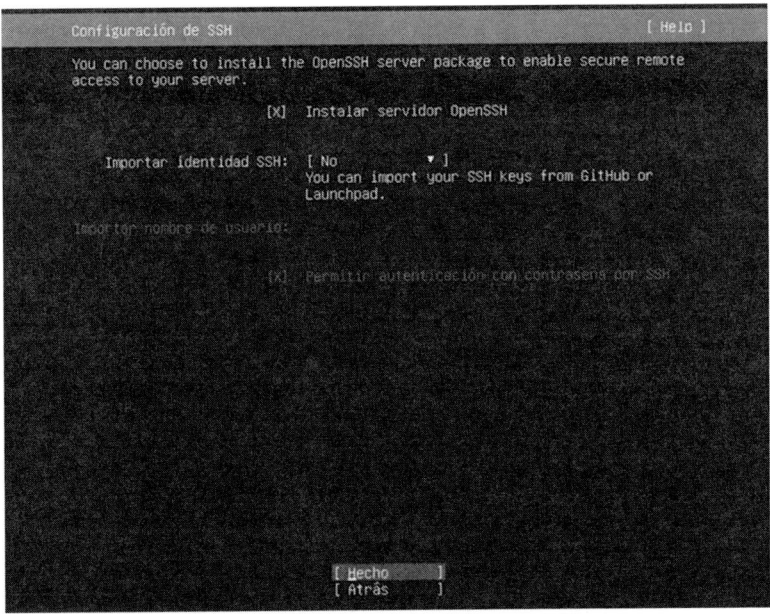

Figura 35. Instalación de Ubuntu Server: instalación y habilitación de OpenSSH

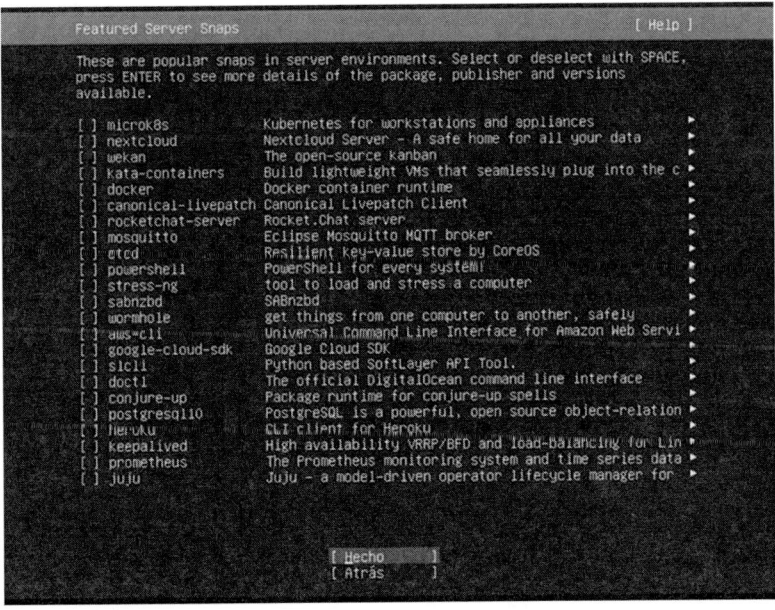

Figura 36. Instalación de Ubuntu Server: otros servicios y aplicaciones disponibles

Una vez finalizada la instalación será necesario reiniciar el sistema (Figura 37).

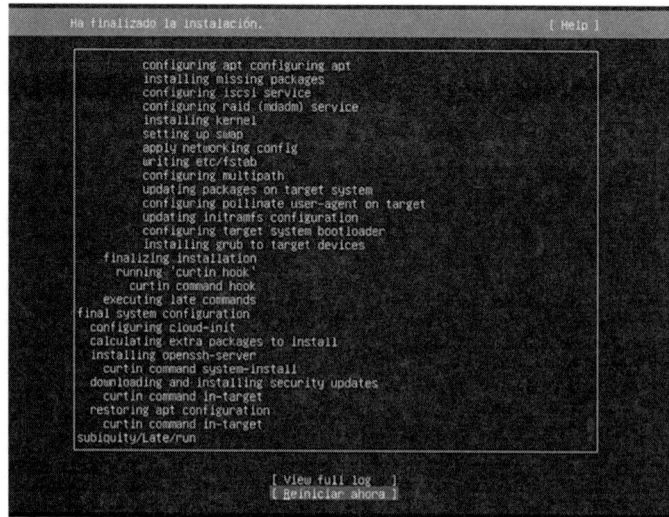

Figura 37. Instalación de Ubuntu Server: finalización y reinicio del sistema

Durante el proceso de reinicio es probable que se reporten fallos con la unidad de CDROM (*Failed unmounting /cdrom*, Figura 38). En cualquier caso, pulsar la tecla "ENTER" como se indica en la parte inferior de la Figura 38, y el arranque del S.O. debería continuar sin problemas. Una vez iniciada la máquina (Figura 39), pulsar "ENTER" nuevamente e introducir nombre de usuario y contraseña. Después de esto, debería aparecer el usuario loggeado en la consola de comandos (Figura 40).

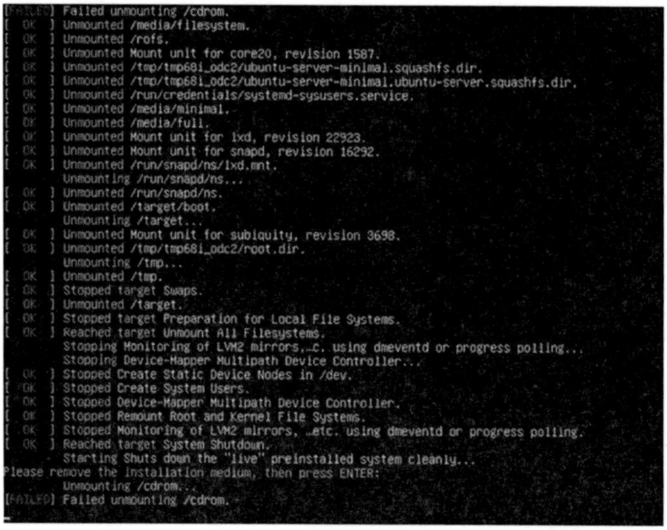

Figura 38. Instalación de Ubuntu Server: errores con unidad de CDROM

Figura 39. Instalación de Ubuntu Server: máquina arrancada

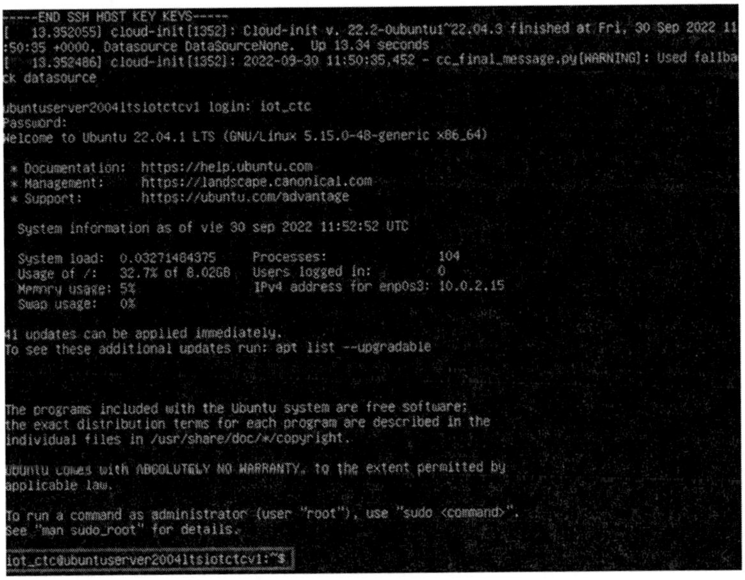

Figura 40. Instalación de Ubuntu Server: usuario loggeado en consola de comandos

INSTALACIÓN DE SERVICIOS

INTRODUCCIÓN

En este capítulo se propone la instalación de un paquete de herramientas que satisfagan las principales necesidades de una plataforma IoT en términos de conectividad, almacenamiento, visualización y control. Más concretamente, se detalla la instalación de algunas herramientas básicas y también de los siguientes servicios que representan el núcleo del servidor IoT:

- Broquer MQTT
- Node-RED
- Telegraph
- Grafana

Herramientas básicas de red

La primera herramienta básica de red que es importante instalar es el paquete *net-tools*, que permitirá controlar la red desde el sistema operativo del servidor. Esto incluye herramientas como arp, ifconfig, netstat, rarp, nameif y route. Para ello, tomando como referencia el último paso del capítulo anterior en el que el usuario está loggeado en Ubuntu Server desde VirtualBox, teclearemos el siguiente comando:

```
sudo apt install net-tools
```

Luego, es posible conocer la dirección IP actual de nuestro servidor utilizando el comando:

```
ifconfig
```

Por otra parte, si bien es cierto que el servidor podría ser gestionado de forma directa en caso de tener acceso físico al mismo, es importante aportar una solución para su gestión de forma remota. Para ello, es muy común el acceso remoto a través de conexión SSH (cliente SSH) para la gestión del S.O. a través de línea de comandos. En este sentido, se propone la instalación de la aplicación *PuTTY* que, entre otras funcionalidades, cuenta con un cliente SSH. Esta aplicación se instalará en un equipo diferente al servidor. En este caso, se aporta como ejemplo su instalación en el S.O. Windows desde el cual se han hecho las gestiones de capítulos y secciones anteriores.

A través del link:

https://www.chiark.greenend.org.uk/~sgtatham/putty/latest.html, se puede descargar la última versión estable de *PuTTY* (Figura 41). Luego, se seguirán los pasos de instalación sin necesidad de configuraciones especiales.

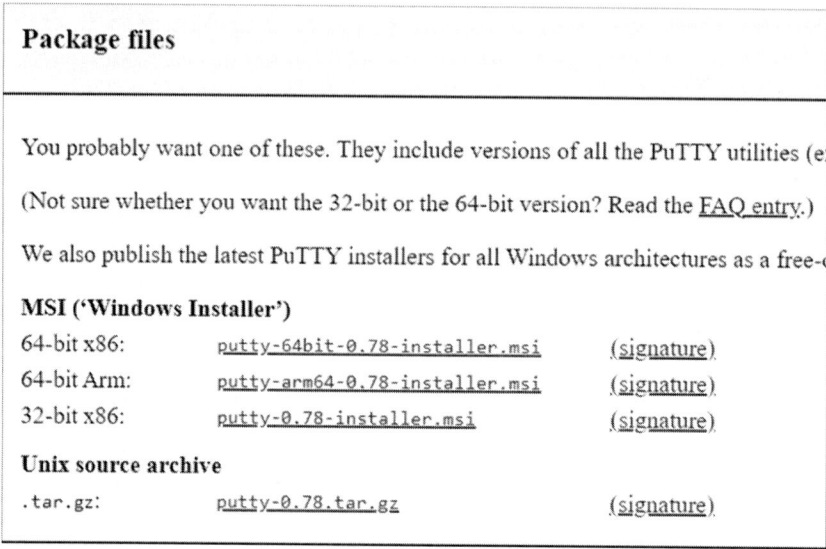

Figura 41. Web para descarga de PuTTY

Cabe destacar que, aun teniendo acceso directo a la MV desde el S.O. Windows principal (como se describe en este libro), puede ser más cómodo el uso de *PuTTY* en lugar del terminal de línea de comandos a través de VirtualBox. En este sentido, para realizar una conexión SSH al servidor desde otro equipo (en este caso una conexión a la MV de Ubuntu Server desde el S.O. principal Windows), es necesario que los equipos se encuentren en la misma red o, en su defecto, que el servidor disponga de una dirección IP pública.

La Figura 42 ilustra un esquema de conexión vía SSH entre la aplicación *PuTTY* (instalada en el Host con S.O. Windows) y el servidor de Ubuntu, en el cual se ejecutan una serie de servicios. Puesto que el adaptador de red de la máquina virtual se ha configurado como "Adaptador puente" o *bridged* (Sección: Creación de Máquina Virtual), su dirección IP estará dentro del mismo rango que el Host (p.ej. Host: 192.168.0.20 y MV: 192.168.0.30) y permitirá la interconexión de equipos.

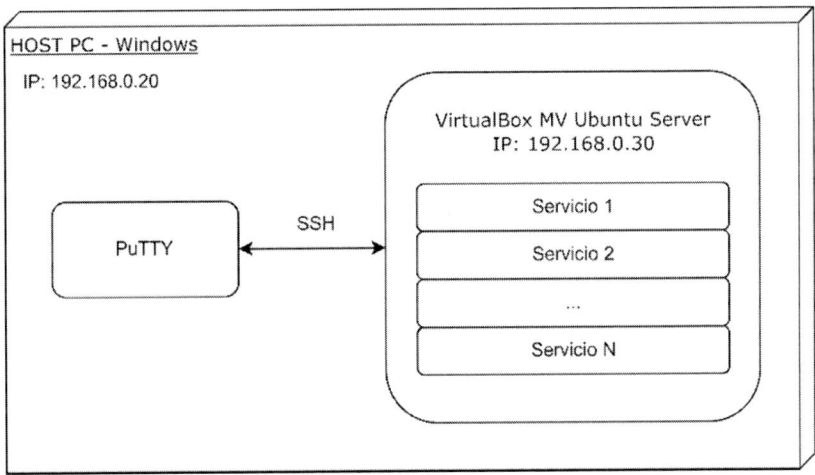

Figura 42. Esquema de conexión SSH entre PuTTY y MV Ubuntu Server

El primer paso es ejecutar *PuTTY* desde el menú de inicio de Windows (Figura 43) y se abrirá la pantalla principal de configuración de la herramienta (Figura 44). Luego, seleccionamos el tipo de conexión SSH, puerto 22 e indicamos la dirección IP del servidor en el campo "*Host Name (or IP address)*". Luego, se clica en "*Open*" para abrir una sesión SSH contra nuestro servidor.

Figura 43. Ejecución de PuTTY desde el menú de inicio de Windows

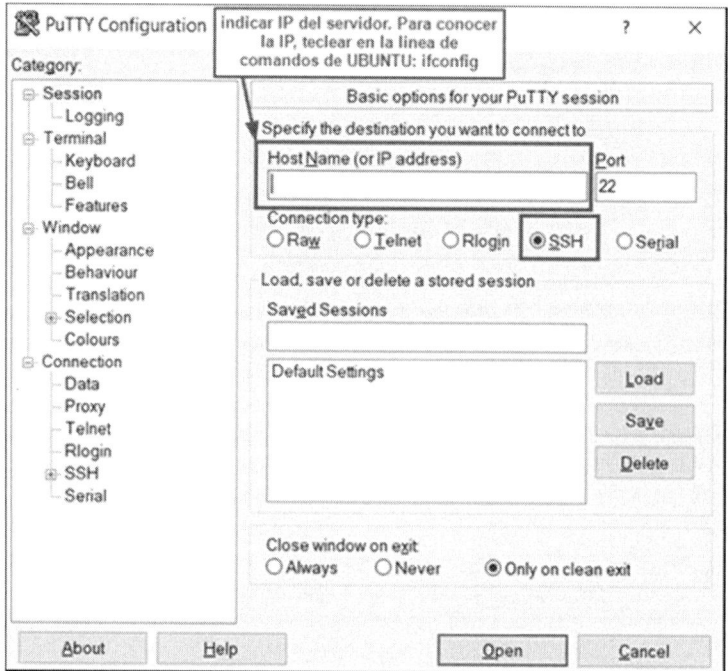

Figura 44. Pantalla principal de configuración de PuTTY

En la Figura 45 se puede observar una conexión SSH abierta con *PuTTY*, a partir de la cual se tiene acceso al servidor a través de la línea de comandos, exactamente igual que si se gestionase de forma directa sin conexión remota.

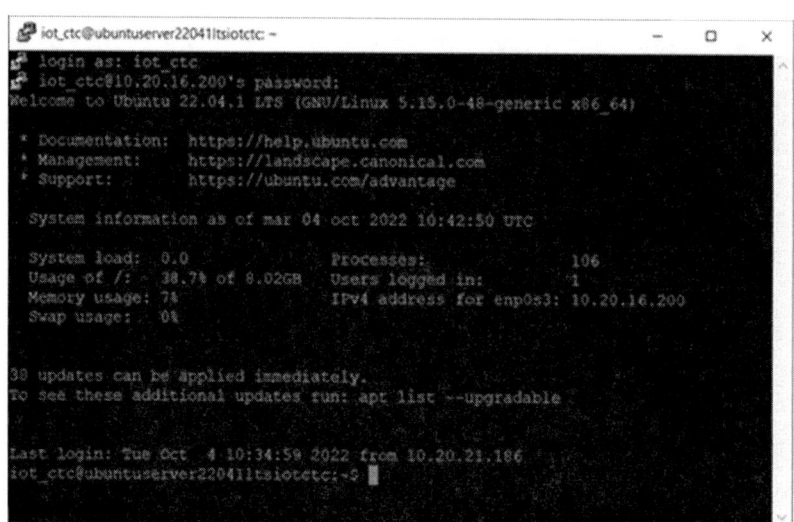

Figura 45. Conexión SSH con el servidor a través de PuTTY

Instalación de broker MQTT Mosquitto

Dentro de un ecosistema IoT cobra especial importancia el método de intercambio de información entre dispositivos. En este sentido, el protocolo MQTT se ha convertido en uno de los principales habilitadores en términos de conectividad, proporcionando un método eficiente para la transmisión de datos a partir de un modelo de publicación y suscripción. Además, su menor carga de datos en comparación con otros protocolos de red, lo convierte en una opción adecuada para todo tipo de dispositivos, incluyendo sensores de baja potencia, dispositivos móviles o sistemas embebidos, entre otros (Jove *et al.*, 2022).

El protocolo MQTT define dos roles principales: cliente y *broker*. En esta arquitectura (Figura 46), los clientes son dispositivos conectados en red a través de un *broker*, el cual gestiona el tráfico de información entre ellos. Más concretamente, el *broker* se responsabiliza de la recepción de mensajes, el filtrado de mensajes, determina también quién está suscrito a cada mensaje, y envía los mensajes a los clientes que están suscritos a determinados *topics*, entre otros. En este contexto, se contempla la incorporación de un *broker* MQTT a Ubuntu Server. Para ello, se apuesta por Eclipse Mosquitto, un *broker* MQTT de software libre de sencilla configuración que ofrece además una capa de seguridad (Mosquitto, 2024).

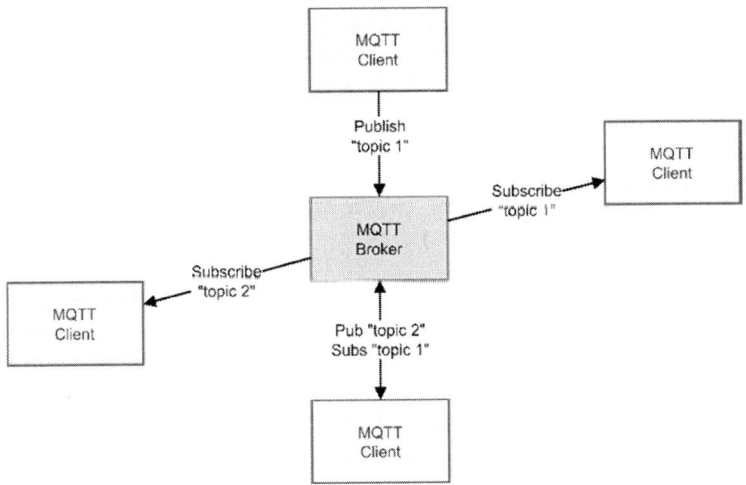

Figura 46. Modelo de publicación/suscripción con protocolo MQTT

Para instalar Mosquitto (como se describe en la web https://mosquitto.org/download/), accedemos a nuestro servidor a través de SSH por línea de comandos y, una vez loggeados, lanzamos los siguientes comandos para añadir el paquete "mosquitto-dev PPA" al repositorio, actualizar el repositorio e instalar el servicio:

```
sudo apt-add-repository ppa:mosquitto-dev/mosquitto-ppa
```

```
sudo apt-get update
```

```
sudo apt install -y mosquito
```

Una vez finalizado el proceso de instalación, se puede comprobar que el servicio Mosquitto se está ejecutando (Figura 47), a través del siguiente comando:

```
sudo systemctl status mosquitto
```

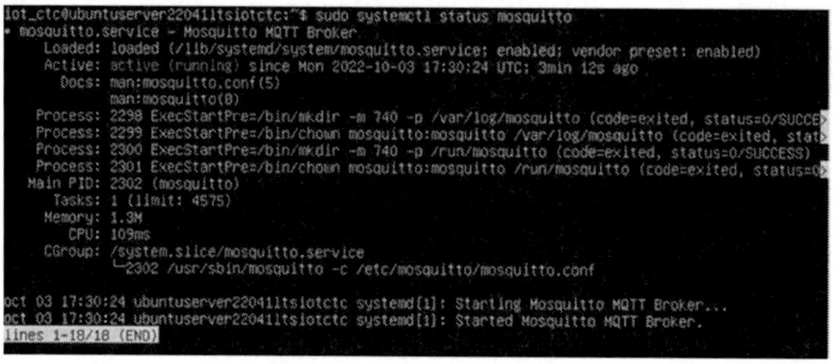

Figura 47. Verificación de arranque del servicio Mosquitto

Instalación de Node-RED

Node-RED es una herramienta de programación basada en flujo (*flow-based programming*), que permite describir el comportamiento de una aplicación a través de la interconexión de bloques o "nodos" que ejecutan funciones predefinidas. La idea básica de un nodo es que recibe información o "mensajes" a través de sus entradas y devuelve otra información o "mensajes" a través de sus salidas (Node-RED, 2024).

Por otra parte, ofrece una interfaz web de programación que facilita el desarrollo a través de un navegador web común sin necesidad de instalar software de desarrollo adicional. Además, cuenta con una extensa base de datos con librerías de múltiples funcionalidades, destacando especialmente por su sencillez y potencia en interconexión de dispositivos a través de múltiples protocolos. Además, Node-RED ofrece librerías que permiten construir interfaces gráficas de usuario de forma rápida y sencilla. Por ello, en este contexto resulta especialmente interesante para el desarrollo de paneles de control, visualización o gestión de dispositivos, entre otros.

Para realizar la instalación de Node-RED en Ubuntu Server de forma local, tal y como se detalla en la web de Node-RED (https://nodered.org/docs/getting-started/local, Figura 48), y que se ejecute como servicio, de igual modo que si se ejecutase en una Raspberry Pi (https://nodered.org/docs/getting-started/raspberrypi), será necesario lanzar el siguiente comando:

```
bash <(curl -sL https://raw.githubusercontent.com/node-red/linux-installers/master/deb/update-nodejs-and-nodered)
```

Al ejecutar el anterior comando[1], se descargará y ejecutará un script para instalar Node.js, npm y Node-RED. Más concretamente, desinstalará versiones anteriores, actualizará versiones de Node.js y npm, y realizará una instalación limpia de la última versión de Node-RED, recompilando nodos y dependencias. En la Figura 49 se ilustra el chequeo de todos los pasos del proceso de instalación.

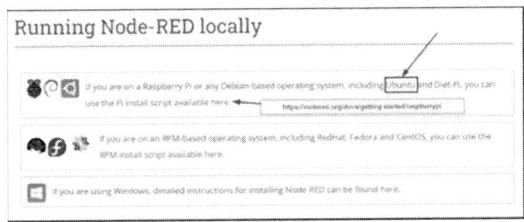

Figura 48. Instalación de Node-RED: primer paso

```
Running Node-RED install for user iot_ctc at /home/iot_ctc on ubuntu

This can take 20-30 minutes on the slower Pi versions - please wait.

  Stop Node-RED                        ✓
  Remove old version of Node-RED       ✓
  Remove old version of Node.js        ✓
  Install Node.js 16 LTS               ✓   v16.17.1   Npm 8.15.0
  Clean npm cache                      ✓
  Install Node-RED core                ✓   3.0.2
  Move global nodes to local           -
  Npm rebuild existing nodes           ✓
  Install extra Pi nodes               ✓
  Add shortcut commands                ✓
  Update systemd script                ✓

Any errors will be logged to   /var/log/nodered-install.log
All done.
You can now start Node-RED with the command  node-red-start
  or using the icon under   Menu / Programming / Node-RED
Then point your browser to localhost:1880 or http://{your_pi_ip-address}:1880

Started :  mar 04 oct 2022 11:18:15 UTC
Finished:  mar 04 oct 2022 11:18:59 UTC
iot_ctc@ubuntuserver2204ltsiotctc:/lib/systemd/system$ █
```

Figura 49. Instalación de Node-RED: chequeo del proceso de instalación

---

[1] La longitud de este comando provoca un espacio o salto de línea entre "linux-" e "installers"; por tanto, es importante prestar atención y eliminar dicho salto al realizar un copiar y pegar. Se recomienda seleccionar y copiar el comando directamente desde la web, para evitar problemas con la selección y copia desde este fichero pdf.

Una vez finalizada la instalación, es posible verificar las versiones de Node.js y npm que se han instalado (Figuras 50 y 51) a través de los siguientes comandos:

```
node -v
```

```
npm -v
```

```
iot_ctc@ubuntuserver220411tsiotctc:~$ node -v
v16.17.1
```

Figura 50. Instalación de Node-RED: verificación de la versión de Node.js

```
iot_ctc@ubuntuserver220411tsiotctc:~$ npm -v
8.15.0
```

Figura 51. Instalación de Node-RED: verificación de la versión de npm

Finalmente, para que el servicio de Node-RED se ejecute con el arranque del S.O. (*autostart on boot*), se lanzará el siguiente comando:

```
sudo systemctl enable nodered.service
```

En la Figura 52 se muestra el resultado de ejecución del anterior comando, con la creación del fichero de servicio "nodered.service" en distintas localizaciones del sistema de ficheros.

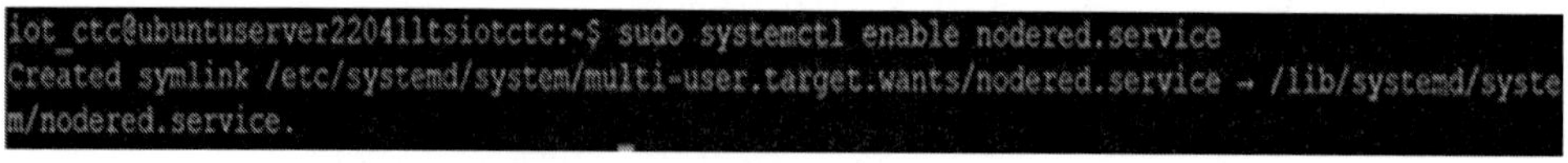

```
iot_ctc@ubuntuserver220411tsiotctc:~$ sudo systemctl enable nodered.service
Created symlink /etc/systemd/system/multi-user.target.wants/nodered.service → /lib/systemd/syste
m/nodered.service.
```

Figura 52. Instalación de Node-RED: habilitar la ejecución del servicio Node-RED con el arranque del S.O.

Instalación de InfluxDB

Uno de los aspectos más importantes de la operativa de una plataforma IoT es la captura y el almacenamiento de datos históricos para su posterior visualización y/o análisis. En este sentido, las bases de datos (BBDD) son una herramienta indispensable para llevar a cabo ese cometido.

De forma general, en un sistema IoT es común la captura de datos de variables de sensores, actuadores, etc., a lo largo del tiempo. Por ello, en estos casos son especialmente adecuadas las BBDD de series temporales, que forman una colección ordenada de datos o medidas tomadas en intervalos de tiempo regulares (Nasar and Kausar, 2019).

En este libro se propone la integración de InfluxDB, que es una BBDD de series temporales de código abierto. InfluxDB incorpora, además del motor de la base de datos, una colección de herramientas complementarias para personalizar interfaces de usuario, *dashboards*, procesamiento en segundo plano y monitorización de eventos. Además, la plataforma InfluxDB también incluye APIs, herramientas y un ecosistema que incluye librerías para cliente y servidor, *plugins* de Telegraf (herramienta que se detallará posteriormente), integración de visualizaciones con Grafana e integración de fuentes de datos con Google Bigtable, BigQuery y más (InfluxData, 2024).

Para realizar la instalación de InfluxDB se accederá a la web de descargas (https://portal.influxdata.com/downloads/) o a través de la plataforma de GitHub (https://github.com/influxdata/influxdb), y se seleccionará la versión v2.6.1 (versiones más recientes deberían ser compatibles con las herramientas detalladas en este libro) y plataforma Ubuntu & Debian (Figura 53). Acto seguido, se mostrará un listado de comandos en la parte inferior que necesitaremos lanzar en nuestro S.O. A continuación, se listan dichos comandos:

```
wget -q https://repos.influxdata.com/influxdata-
archive_compat.key

echo
'393e8779c89ac8d958f81f942f9ad7fb82a25e133faddaf92e15b16e6ac9ce
4c influxdata-archive_compat.key' | sha256sum -c && cat
influxdata-archive_compat.key | gpg --dearmor | sudo tee
/etc/apt/trusted.gpg.d/influxdata-archive_compat.gpg >
/dev/null

echo 'deb [signed-by=/etc/apt/trusted.gpg.d/influxdata-
archive_compat.gpg] https://repos.influxdata.com/debian stable
main' | sudo tee /etc/apt/sources.list.d/influxdata.list

sudo apt-get update && sudo apt-get install influxdb2
```

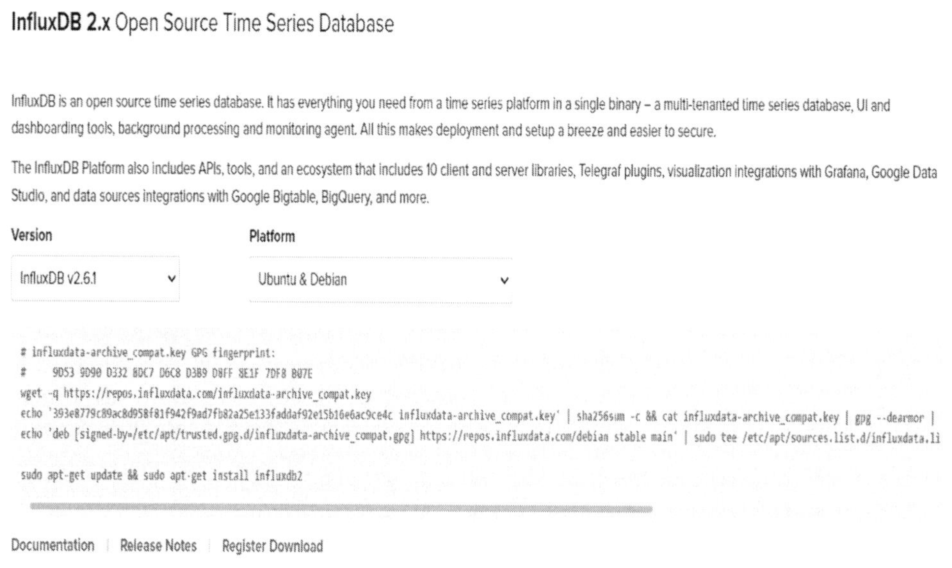

InfluxDB 2.x Open Source Time Series Database

InfluxDB is an open source time series database. It has everything you need from a time series platform in a single binary – a multi-tenanted time series database, UI and dashboarding tools, background processing and monitoring agent. All this makes deployment and setup a breeze and easier to secure.

The InfluxDB Platform also includes APIs, tools, and an ecosystem that includes 10 client and server libraries, Telegraf plugins, visualization integrations with Grafana, Google Data Studio, and data sources integrations with Google Bigtable, BigQuery, and more.

Version	Platform
InfluxDB v2.6.1 ⌄	Ubuntu & Debian ⌄

```
# influxdata-archive_compat.key GPG fingerprint:
#    9D53 9D90 D332 8DC7 D6C8 D3B9 D8FF 8E1F 7DF8 B07E
wget -q https://repos.influxdata.com/influxdata-archive_compat.key
echo '393e8779c89ac8d958f81f942f9ad7fb82a25e133faddaf92e15b16e6ac9ce4c influxdata-archive_compat.key' | sha256sum -c && cat influxdata-archive_compat.key | gpg --dearmor |
echo 'deb [signed-by=/etc/apt/trusted.gpg.d/influxdata-archive_compat.gpg] https://repos.influxdata.com/debian stable main' | sudo tee /etc/apt/sources.list.d/influxdata.li

sudo apt-get update && sudo apt-get install influxdb2
```

Documentation | Release Notes | Register Download

Figura 53. Instalación de InfluxDB: selección de versión y plataforma

Instalación de Telegraf

Una de las funcionalidades deseadas para el servidor IoT es la captura de datos a través del *broker* MQTT y su posterior almacenamiento en BBDD. En este sentido, es necesario establecer una pasarela o enlace entre *broker* y BBDD. Para ello, es posible la integración del servicio o *plugin* Telegraf.

Telegraf es un servicio para la captura y envío (pasarela) de métricas y eventos desde BBDD, sistemas, sensores, etc. (InfluxData, 2024). Además, cuenta con más de 200 *plugins* o *drivers* que facilitan la adquisición de datos a través de múltiples protocolos. En la Figura 54 se ilustra el método de intercambio de información o pasarela entre dispositivos MQTT y un *bucket* de InfluxDB.

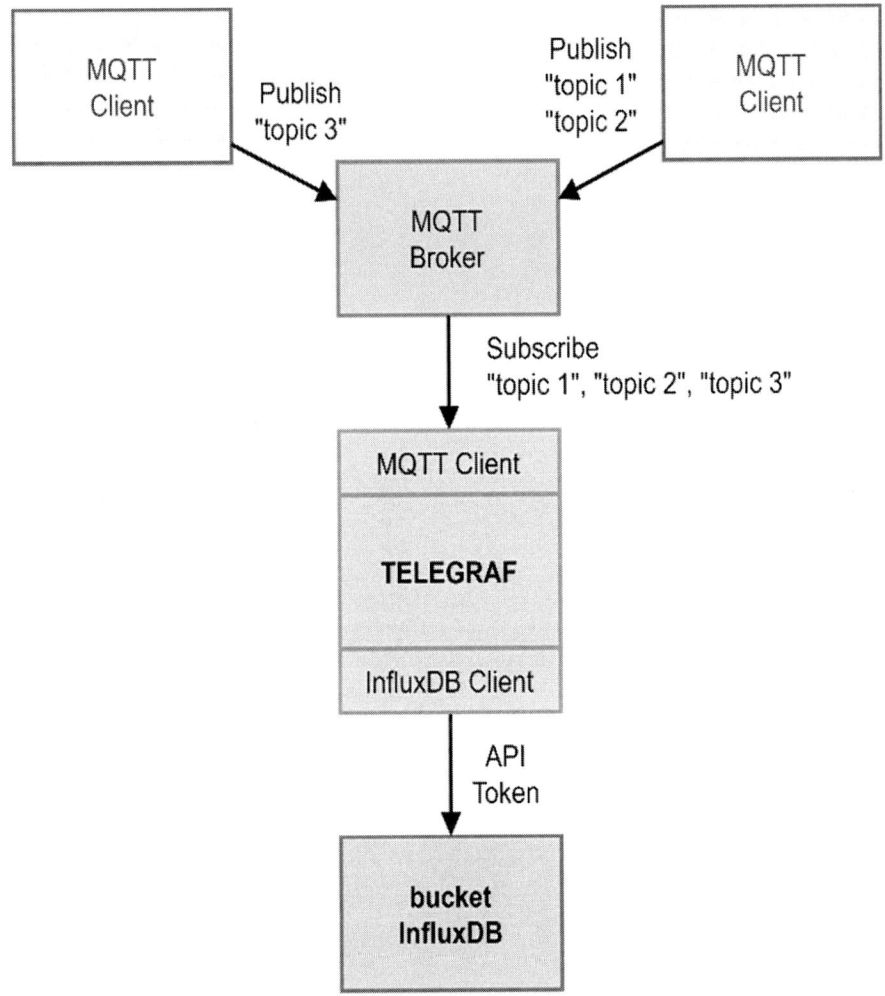

Figura 54. Método de intercambio de información entre dispositivos MQTT y un bucket de InfluxDB

Desde la web https://portal.influxdata.com/downloads/, o desde la plataforma de GitHub (https://github.com/influxdata/telegraf), se puede realizar la consulta de los comandos necesarios para su instalación, al igual que para InfluxDB. Para ello, en la sección dedicada a la descarga de Telegraf (Figura 55), se seleccionará la versión v1.26.0 (versiones más recientes deberían ser compatibles con las herramientas detalladas en este libro) y plataforma Ubuntu & Debian. Acto seguido, se mostrará un listado de comandos en la parte inferior que necesitaremos lanzar en nuestro S.O. A continuación, se listan dichos comandos:

```
wget -q https://repos.influxdata.com/influxdata-
archive_compat.key

echo
'393e8779c89ac8d958f81f942f9ad7fb82a25e133faddaf92e15b16e6ac9ce
4c influxdata-archive_compat.key' | sha256sum -c && cat
influxdata-archive_compat.key | gpg --dearmor | sudo tee
/etc/apt/trusted.gpg.d/influxdata-archive_compat.gpg >
/dev/null

echo 'deb [signed-by=/etc/apt/trusted.gpg.d/influxdata-
archive_compat.gpg] https://repos.influxdata.com/debian stable
main' | sudo tee etc/apt/sources.list.d/influxdata.list

sudo apt-get update && sudo apt-get install telegraf
```

Telegraf open source data collector

Telegraf is a plugin-driven server agent for collecting and sending metrics and events from databases, systems, and IoT sensors. Telegraf is written in Go and compiles into a single binary with no external dependencies, and requires a very minimal memory footprint.

With 200+ plugins already written by subject matter experts on the data in the community, it is easy to start collecting metrics from your endpoints.

For additional architecture (e.g. i386, riscv64, etc.) and operating system (e.g BSD, etc.) downloads please see the Telegraf GitHub Releases page.

Version	Platform
Telegraf v1.26.0 ⌄	Ubuntu & Debian ⌄

SHA256: 527b4c87cb20f822061f63ee32592bef8da1226195b850b33683b0b845375a4f

```
# influxdata-archive_compat.key GPG fingerprint:
#    9D53 9D90 D332 8DC7 D6C8 D3B9 D8FF 8E1F 7DF8 B07E
wget -q https://repos.influxdata.com/influxdata-archive_compat.key
echo '393e8779c89ac8d958f81f942f9ad7fb82a25e133faddaf92e15b16e6ac9ce4c influxdata-archive_compat.key' | sha256sum -c && cat influxdata-archive_compat.key | gpg --dearmor |
echo 'deb [signed-by=/etc/apt/trusted.gpg.d/influxdata-archive_compat.gpg] https://repos.influxdata.com/debian stable main' | sudo tee /etc/apt/sources.list.d/influxdata.li

sudo apt-get update && sudo apt-get install telegraf
```

Documentation | Release Notes

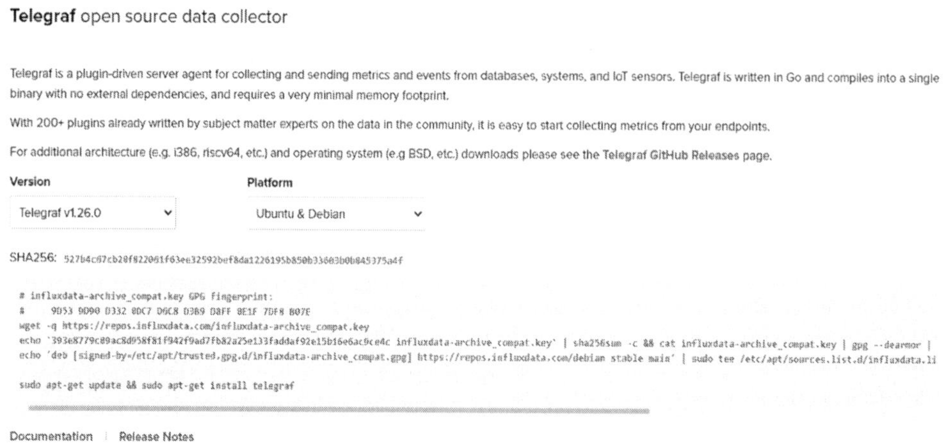

Figura 55. Instalación de Telegraf: selección de versión y plataforma

Instalación de Grafana

Uno de los aspectos más importantes de una plataforma IoT es la parte de visualización de datos. Concretamente, la monitorización de la evolución de variables de sensores, construcción de gráficos para análisis estadístico, generación de alertas o tablas de históricos, son ejemplos típicos de un *dashboard* o panel de visualización IoT.

En una apuesta por software libre, resulta especialmente interesante la herramienta Grafana para la creación de *dashboards*. Desde mapas de calor hasta histogramas, gráficos o geomapas, Grafana cuenta con visualizaciones rápidas y flexibles ofreciendo múltiples posibilidades para la monitorización de datos (Grafana Labs, 2024).

Por otra parte, cuenta con numerosos *plugins* para acceder vía APIs a fuentes de datos como InfluxDB, MongoDB, Kubernetes, etc., además de plataformas *cloud* como Google o Amazon AWS, entre otras.

El procedimiento para realizar la instalación de Grafana se puede consultar en la web:

https://grafana.com/docs/grafana/latest/setup-grafana/installation/debian/#install-from-apt-repository, en el apartado,

"*Install from APT repository*" dentro de la sección "*Install on Debian or Ubuntu*" (Figura 56).

Para ello, se han de lanzar los siguientes comandos:

```
sudo apt-get install -y apt-transport-https
```

```
sudo apt-get install -y software-properties-common wget
```

```
sudo wget -q -O /usr/share/keyrings/grafana.key
https://apt.grafana.com/gpg.key
```

A continuación, se añade el siguiente repositorio para versiones estables:

```
sudo apt-get update
```

```
sudo apt-get install grafana
```

Finalmente, se configura el servidor de Grafana para que se ejecute con el arranque del S.O.

```
sudo systemctl enable grafana-server.service
```

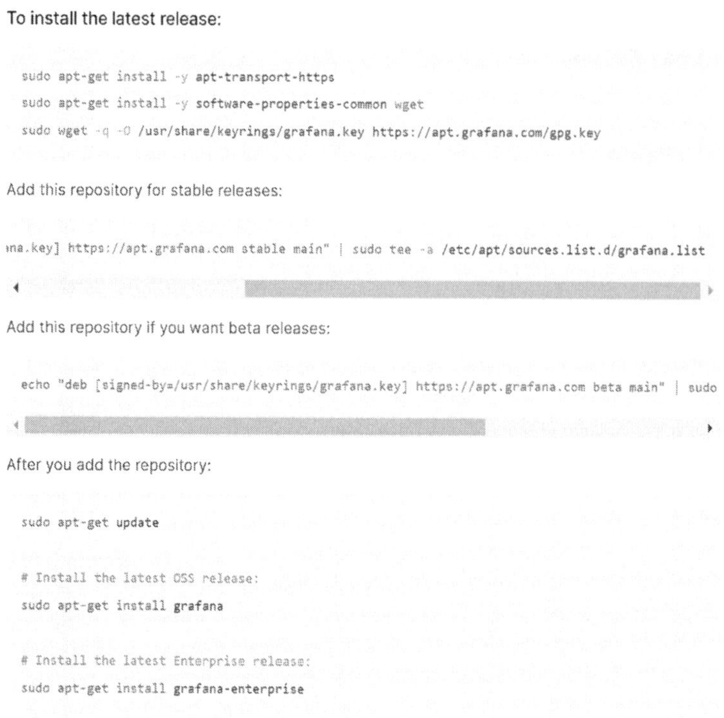

To install the latest release:

```
sudo apt-get install -y apt-transport-https
sudo apt-get install -y software-properties-common wget
sudo wget -q -O /usr/share/keyrings/grafana.key https://apt.grafana.com/gpg.key
```

Add this repository for stable releases:

```
ana.key] https://apt.grafana.com stable main" | sudo tee -a /etc/apt/sources.list.d/grafana.list
```

Add this repository if you want beta releases:

```
echo "deb [signed-by=/usr/share/keyrings/grafana.key] https://apt.grafana.com beta main" | sudo
```

After you add the repository:

```
sudo apt-get update

# Install the latest OSS release:
sudo apt-get install grafana

# Install the latest Enterprise release:
sudo apt-get install grafana-enterprise
```

Figura 56. Instalación de Grafana: listado de comandos para distribuciones Ubuntu y Debian

CONFIGURACIÓN DE SERVICIOS

INTRODUCCIÓN

En este capítulo se detalla la configuración de las herramientas anteriormente instaladas con el objetivo de desarrollar aplicaciones básicas sobre el servidor. Cabe destacar también que la información incluida en este capítulo debe utilizarse como punto de partida, ya que diferentes aplicaciones pueden requerir configuraciones distintas para las herramientas descritas en este libro.

Configuración de Mosquitto

Por defecto, y una vez instalado, el *broker* Mosquitto solo acepta conexiones que provienen de la misma máquina (*localhost*). Por ejemplo, si un cliente MQTT se conecta al *broker* desde la misma máquina virtual que en la que se está ejecutando el servicio del *broker* Mosquitto. Sin embargo, es común una arquitectura con un *broker* ejecutándose en una máquina y clientes distribuidos (p.ej., sensores o dispositivos inteligentes) de forma remota o desde máquinas diferentes. Por ello, es necesario configurar el servicio de Mosquitto para habilitar las conexiones externas (remotas o dentro de la misma red).

Para modificar la configuración de Mosquitto, es necesario acceder al fichero "mosquitto.conf" dentro de la ruta "/etc/mosquitto" de Ubuntu Server. Para ello, podemos navegar a través del sistema de ficheros de Ubuntu utilizando el comando cd. Luego, una vez dentro de la ruta indicada, podemos ejecutar el siguiente comando para modificar el fichero a través del editor de texto "nano" de Linux:

```
sudo nano mosquitto.conf
```

Una vez abierto el fichero, es necesario añadir las siguientes líneas al final del mismo (Figura 57):

```
listener 1883 0.0.0.0
```

```
allow_anonymous true
```

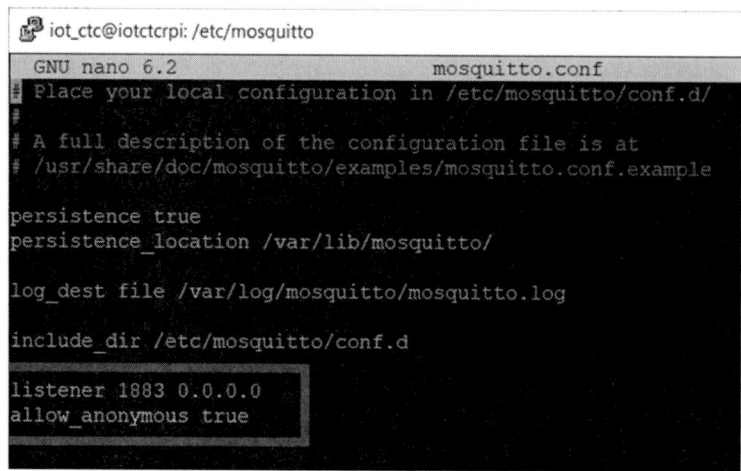

Figura 57. Configuración de Mosquitto: habilitar conexiones remotas y anónimas

Posteriormente, se guardará el fichero y se reiniciará el sistema operativo para aplicar los cambios efectuados.

Con estas modificaciones permitiremos conexiones al puerto 1883 (por defecto para el protocolo MQTT) desde cualquier dirección IP y también conexiones de forma anónima.

Cabe destacar que en este libro se aporta una solución sencilla para establecer conexiones vía MQTT sin seguridad. Para configurar un sistema robusto en términos de ciberseguridad será necesario revisar la configuración del *broker* para habilitar autenticaciones con usuario y contraseña, además de conexiones seguras con certificados añadiendo una capa de seguridad TLS/SSL.

Configuración de InfluxDB

En esta sección se detalla una configuración básica de InfluxDB para la captura y almacenamiento de datos en un recipiente o *bucket*. De este modo, servirá como punto de partida en caso de realizar un escalado a sistemas más complejos. En cualquier caso, para ampliar la información sobre configuración y manejo de InfluxDB, se puede consultar la web https://docs.influxdata.com/influxdb/v2.6/.

La configuración de InfluxDB se puede realizar a través de línea de comandos (CLI) o a través de la interfaz de usuario (UI) vía *web server*.

CONFIGURACIÓN A TRAVÉS DE LÍNEA DE COMANDOS (CLI)

Si se realiza a través de línea de comandos, el proceso de configuración inicial comienza con el lanzamiento del siguiente comando:

```
influx setup
```

A continuación, será necesario introducir la siguiente información y confirmar los cambios (Figuras 58 y 59):

- *primary username*: nombre de usuario para autenticación de acceso.
- *password*: contraseña para autenticación de acceso.
- *primary organization name*: nombre de la organización principal.
- *primary bucket*: nombre del recipiente principal en donde se almacenarán los datos.
- *retention period*: periodo de retención de los datos.

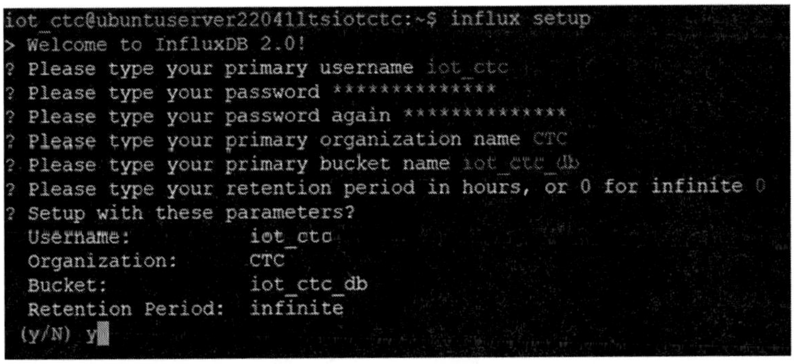

Figura 58. Configuración de InfluxDB (CLI): configuración inicial

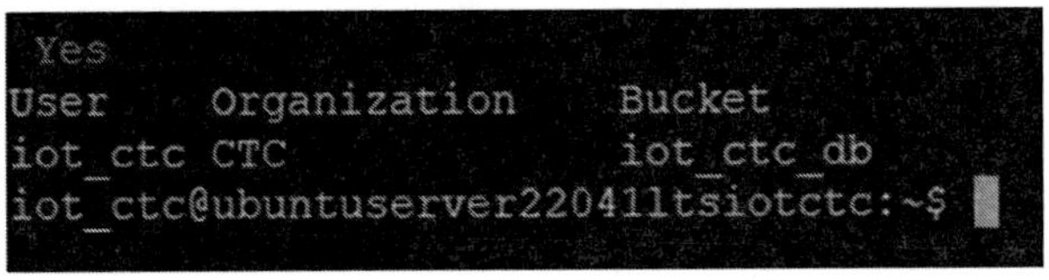

Figura 59. Configuración de InfluxDB (CLI): confirmar configuración inicial

Posteriormente, se podrá comprobar el API Token creado para la conexión a nuestra BBDD a través del siguiente comando:

```
influx auth list
```

El API Token será necesario, entre otras cosas, para completar la configuración de Telegraf como se detalla en la sección correspondiente (Configuración de Telegraf).

CONFIGURACIÓN A TRAVÉS DE INTERFAZ DE USUARIO (UI)

Por otra parte, si la configuración se realiza a través de la UI de InfluxDB, se debe utilizar un navegador web (p.ej., Chrome, Firefox, Edge, etc.) y teclear en la barra de URLs la dirección IP de la máquina en la cual se está ejecutando el servicio de InfluxDB y el puerto de conexión, utilizando el protocolo HTTP. En este caso, si se está procesando en la MV de Ubuntu Server, podemos abrir un navegador web en nuestro S.O. principal y a continuación indicaremos la IP de dicha máquina y el puerto 8086 que utiliza InfluxDB por defecto (http://<ip_del_servidor>:8086). Por ejemplo, si la IP de la MV es 10.20.22.213, escribiremos en la barra de urls: http://10.20.22.213:8086.

Luego, se abrirá la interfaz gráfica y clicaremos en *"Get Started"*. A continuación, se deberán indicar los mismos parámetros de configuración inicial que se nos solicitan a través de línea de comandos (*username, password, organization name* y *bucket name*).

Finalmente, para acceder al *API Token* a través de la UI, nos autenticamos con nombre de usuario y contraseña (Figura 60), accedemos a la sección de *API Tokens* (Figura 61), clicamos en el nombre del *token* creado para nuestro usuario (Figura 62), y copiamos la cadena de caracteres alfanuméricos que forman el *API Token* (Figura 63).

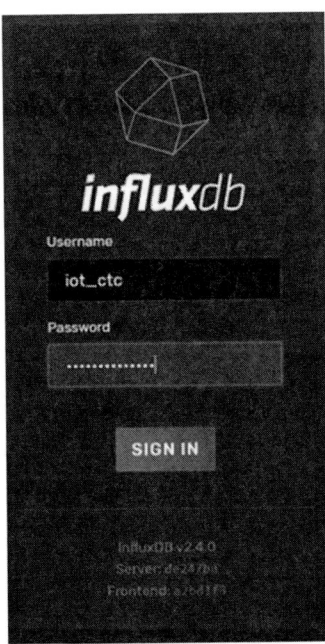

Figura 60. Configuración de InfluxDB (UI): autenticación en UI con nombre de usuario y contraseña

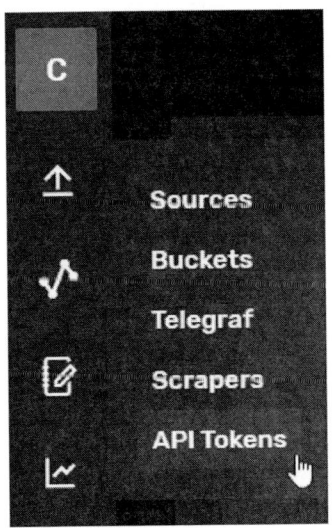

Figura 61. Configuración de InfluxDB (UI): acceso a sección de API Tokens

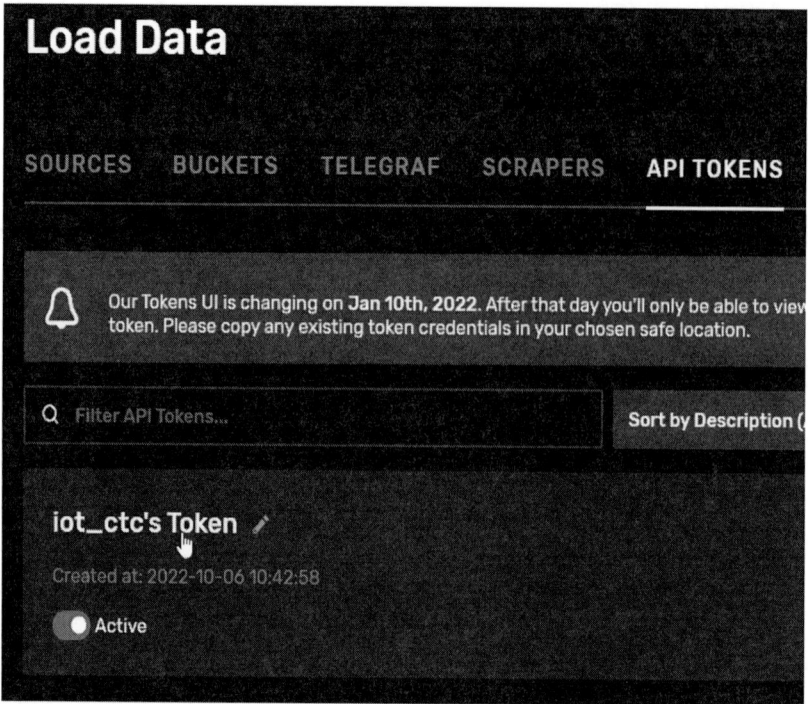

Figura 62. Configuración de InfluxDB (UI): acceso a API Token de usuario

Figura 63. Configuración de InfluxDB (UI): API Token en forma de cadena de caracteres alfanuméricos

El siguiente paso es la creación de un *bucket* de InfluxDB en donde se almacenarán los datos. En la barra lateral izquierda se selecciona "*Buckets*" dentro del submenú "*Load Data*" (Figura 64) y se clica en el botón de la parte derecha "*+ CREATE BUCKET*" (Figura 65). Posteriormente, daremos nombre a nuestro *bucket* y clicamos "*CREATE*" (Figura 66).

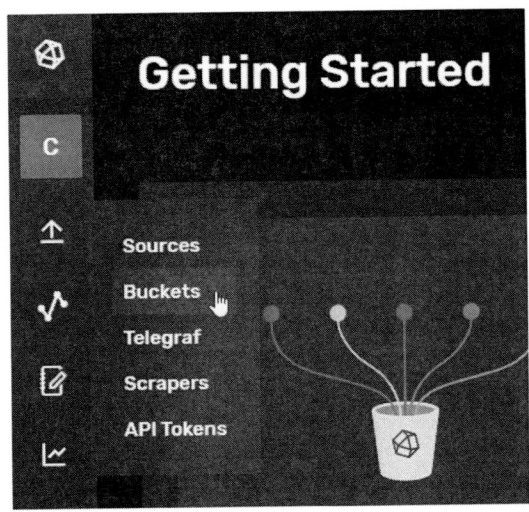

Figura 64. Configuración de InfluxDB (UI): acceso a submenú para creación de bucket

Figura 65. Configuración de InfluxDB (UI): botón para creación de bucket

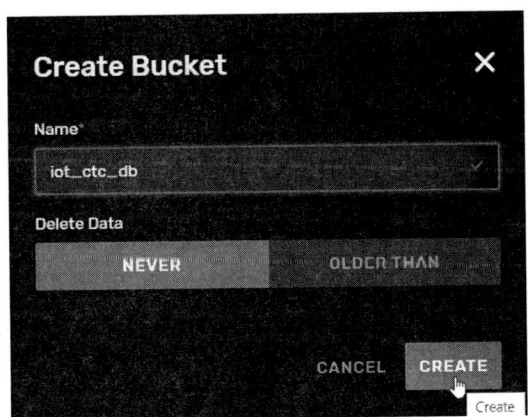

Figura 66. Configuración de InfluxDB (UI): configuración de nombre de bucket

Una vez creado, aparece en pantalla un nuevo bloque que representa nuestro nuevo *bucket* (Figura 67).

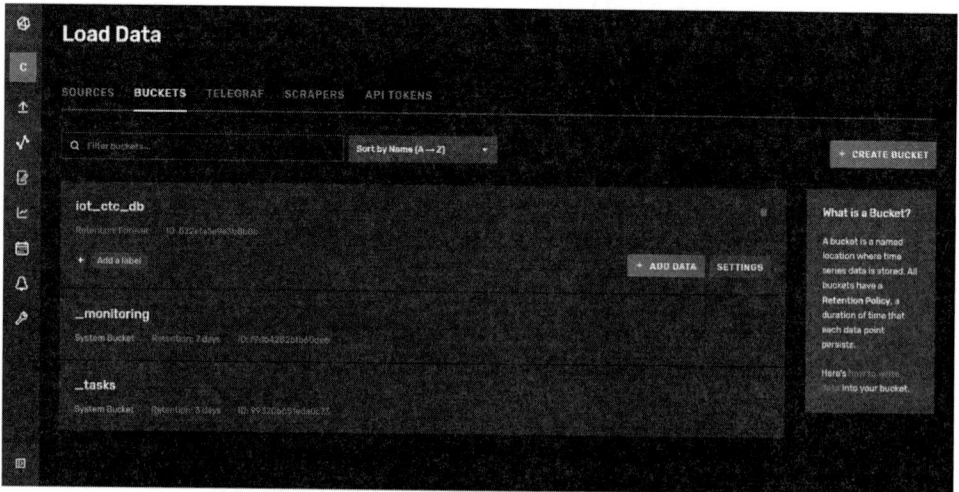

Figura 67. Configuración de InfluxDB (UI): nuevo bucket creado

Configuración de Telegraf

Como ya se ha indicado anteriormente, Telegraf cuenta con numerosos *plugins* para realizar el intercambio de información entre sistemas o aplicaciones. Para habilitar y/o configurar dichos *plugins*, se dispone de un fichero "telegraf.conf", dentro de la ruta "/etc/telegraf", creado por defecto una vez instalado el servicio.

El fichero "telegraf.conf" está dividido en 3 secciones principales: general, *output plugins* e *input plugins*. En la sección general se pueden configurar aspectos generales del servicio y comunes a todos los *plugins*. Por otra parte, dentro de las secciones *output plugins* e *input plugins* se encuentran organizados por bloques todos los *plugins* disponibles con sus parámetros asociados. En este caso, únicamente necesitaremos habilitar y configurar el *input plugin* MQTT *consumer* y el *output plugin* InfluxDB 2.

En la sección: Anexo I: Ejemplo de configuración de fichero "telegraf.conf", se aporta un ejemplo de este fichero con la configuración y habilitación de ambos *plugins*.

La primera sección del fichero contiene parámetros de configuración generales cuyo valor no se modificará.

Por otra parte, en la sección *Output plugins* se realizará una configuración mínima que afecta a los siguientes parámetros relativos a InfluxDB 2:

- `urls`: indicaremos la dirección IP y el puerto de conexión del servidor que ejecuta InfluxDB 2. En este caso, como InfluxDB se ejecuta en la misma máquina que Telegraf, la dirección IP será 127.0.0.1 (o *localhost*) y el puerto que utiliza InfluxDB por defecto es el 8086. Por tanto, el parámetro urls será:
  `urls = ["http://127.0.0.1:8086"]`
- `token`: se debe introducir el *API Token* generado desde InfluxDB para la autenticación de la conexión como cadena de caracteres.
- `organization`: indicar el nombre de la organización como cadena de caracteres. P.ej.:
  `organization = "CTC"`
- `bucket`: indicar el *bucket* de destino para la escritura de datos. P.ej.:
  `bucket = "iot_ctc_db"`

Luego, en la sección *"Input plugins"*, concretamente en *"Service input plugins"*, se realizará una configuración mínima que afecta a los siguientes parámetros relativos a Mosquitto:

- `servers`: indicaremos el protocolo tcp, la dirección IP y el puerto de conexión del servidor que ejecuta Mosquitto. En este caso, como Mosquitto se ejecuta en la misma máquina que Telegraf, la dirección IP será 127.0.0.1 (o *localhost*) y el puerto que utiliza Mosquitto por defecto es el 1883. Por tanto, el parámetro servers será:
  `servers = ["tcp://127.0.0.1:8086"]`
- `topics`: indicar los *topics* MQTT a los que es necesario suscribirse para poder transmitir los mensajes a InfluxDB 2. P.ej.:
  ```
  topics = [
  "ctrl/led",
  "sens/temp",
  "sens/button"
  ]
  ```
- `data_format`: indicar el formato de los datos. P.ej.:
  `data_format = "value"`
- `data_type`: indicar el tipo de dato. P.ej.:
  `data_type = "integer"`

Cabe resaltar que en esta sección se aporta un ejemplo sencillo de configuración de esta herramienta, enfocado en el intercambio de datos de tres variables (estado de LED, temperatura y estado de un pulsador) que se han de transmitir vía MQTT desde un dispositivo, para ser almacenada posteriormente en un *bucket* de la BBDD de InfluxDB. En él, se detalla el desarrollo de una aplicación centrada en la gestión de estas variables. En cualquier caso, si se necesita configurar este servicio para otro tipo de aplicación o funcionalidad, se puede consultar la web https://docs.influxdata.com/telegraf/v1.24/get_started/, en donde se ilustra el formato del fichero de configuración, además de los pasos necesarios para generar y configurar los *plugins* de Telegraf.

APLICACIÓN IoT

INTRODUCCIÓN

En este capítulo se propone el desarrollo de una aplicación sencilla basada en las herramientas previamente descritas.

En la Figura 68 se ilustra la arquitectura de la solución IoT. En ella, el núcleo principal es el servidor (Ubuntu Server) que aloja los servicios detallados en capítulos anteriores (Mosquitto, Telegraf, InfluxDB, Node-RED y Grafana).

Por otra parte, se utiliza un sistema embebido de bajo coste (Espressif ESP32-DevKitC v4) basado en el módulo ESP-WROOM-32 de Espressif para la gestión de tres elementos: sensor de temperatura, diodo LED y pulsador.

La idea básica del sistema es realizar un almacenamiento de los valores de temperatura en base de datos con una frecuencia determinada, además de realizar un control remoto del encendido y apagado del LED, capturando también el estado del pulsador físico. Todo ello, realizando el intercambio de información entre sistema embebido y servidor a través del protocolo MQTT.

De forma más concreta, el alcance de esta aplicación comprende los siguientes puntos:

- Lectura de estado de dispositivos (temperatura, LED y pulsador) con ESP32 y transmisión de valores hacia el servidor a través de MQTT.
- Captura de valores de variables dispositivos a través del *broker* MQTT Mosquitto.
- Pasarela de datos de dispositivos desde Mosquitto hasta *bucket* de InfluxDB a través de Telegraf.

- Visualización de evolución de valores desde BBDD InfluxDB y también a través de *dashboard* de Grafana.
- Panel de control con Node-RED para visualización de todas las variables y activación remota de LED.
- Transmisión de órdenes de encendido y apagado de LED desde Node-RED hasta ESP32 a través de *broker* MQTT.

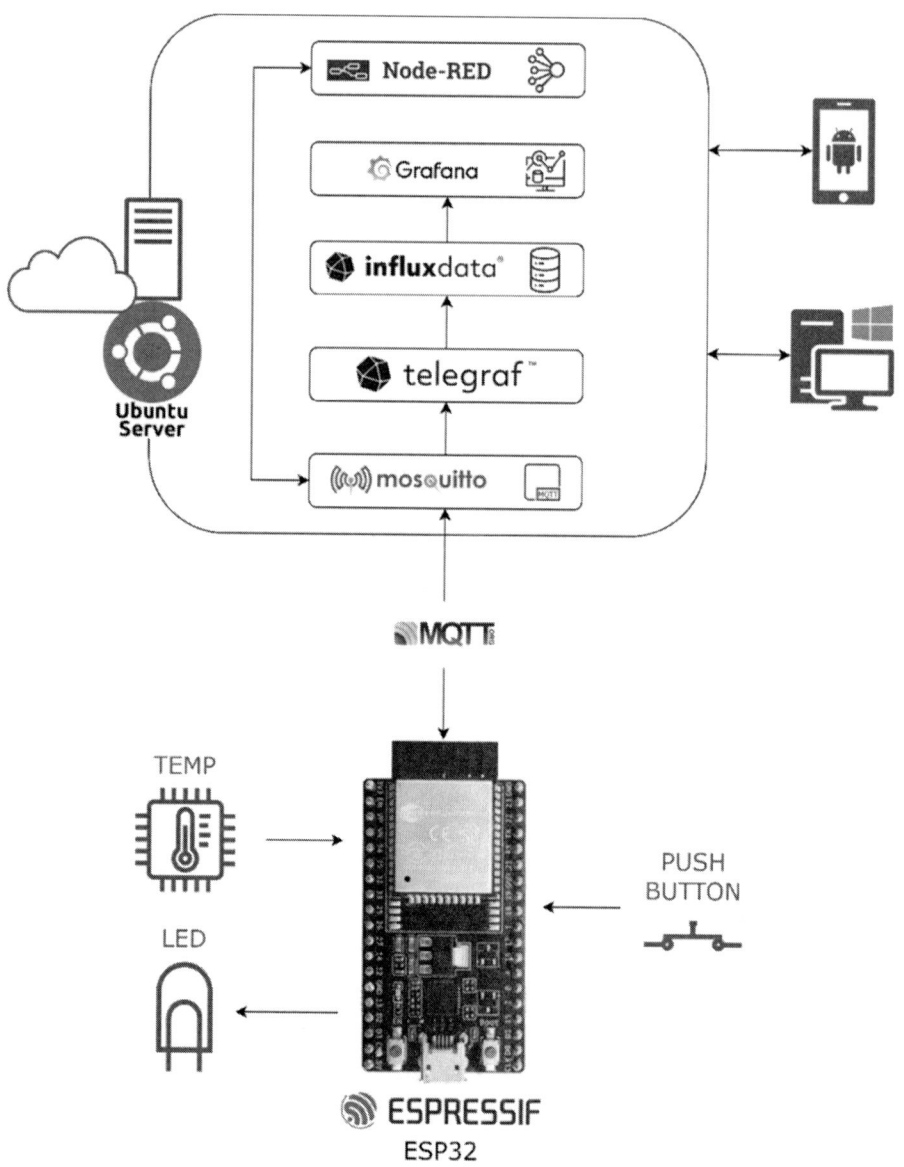

Figura 68. Esquema general de aplicación IoT

Gestión de dispositivos con ESP32

En esta sección se detalla tanto la parte hardware como el software para el desarrollo de la aplicación que corresponde a la placa de desarrollo de ESP32.

HARDWARE ESP32

Como se ha comentado previamente, se propone el uso de la placa de desarrollo Espressif ESP32-DevKitC v4 (Figura 69) para la gestión de dispositivos. Esta plataforma de pequeño tamaño basada en ESP32 facilita el desarrollo de prototipos gracias a su formato de forma, incorporando dos hileras de pines (*I/O Conector headers*) a ambos lados de la PCB. De este modo, se dispone de un gran número de puertos del microcontrolador y es posible su montaje en una *protoboard* para la conexión de periferia externa.

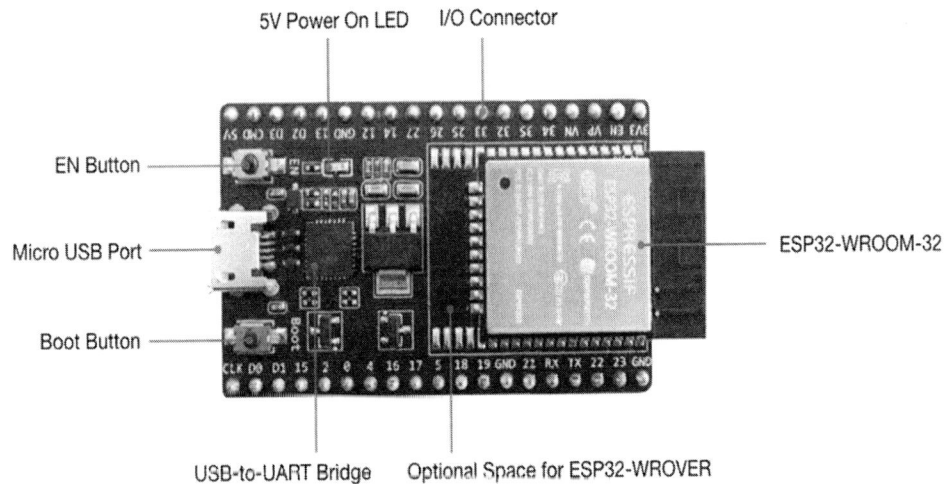

Figura 69. Espressif ESP32-DevKitC v4

En cuanto a los dispositivos externos, en primer lugar, se propone el uso de un sensor de temperatura LM35 de Texas Instruments. Se trata de un circuito integrado de precisión con una tensión de salida proporcional a la temperatura en grados centígrados (10 mV/ºC) y con un rango de medición de -55ºC a 150ºC. En este caso, se usa la referencia LM35DZ con un empaquetado TO-92 (Figura 70) para facilitar el montaje en *protoboard*.

Figura 70. Figura LM35DZ (TO-92)

Por otra parte, se utilizará un simple LED de montaje en orificio pasante de formato 3 mm o 5 mm (Figura 71).

Figura 71. Diodo LED de formato 5 mm

Luego, se utilizará un pulsador para circuito impreso de orificio pasante como el de la Figura 72.

Figura 72. Pulsador para circuito impreso de orificio pasante

El conexionado de los elementos a la plataforma de desarrollo ESP32 se ilustra en la Figura 73, y se identifican los pines y/o puertos en la Tabla 1.

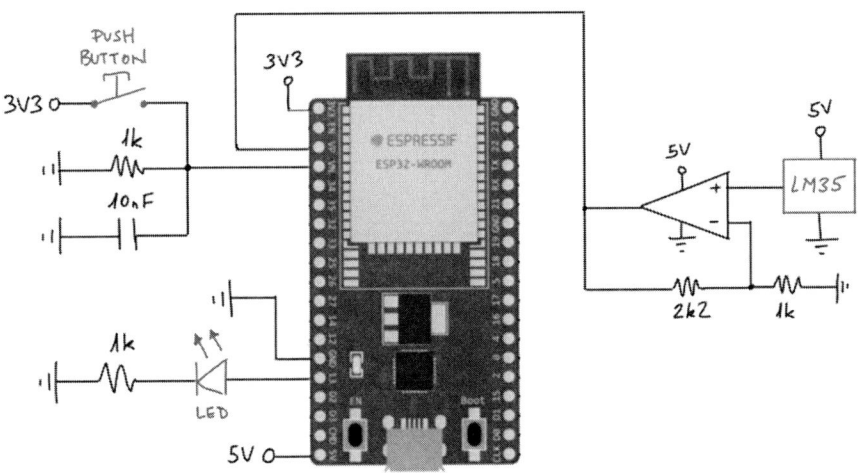

Figura 73. Esquema de conexionado de elementos a plataforma de desarrollo ESP32

Función	Pin PCB	Dirección	GPIO	ADC	DIG/ANA
ON/OFF LED	13	OUT	13	N/A	DIG
Temp LM35	VP	IN	36	0	ANA
PushButton	VN	IN	39	N/A	DIG
Salida 3,3V	3V3	N/A	N/A	N/A	N/A
GND	GND	N/A	N/A	N/A	N/A
5V	5V	N/A	N/A	N/A	N/A

Tabla 1. Resumen de pines para conexionado de elementos a plataforma de desarrollo ESP32

Con relación a la lectura de temperatura, se añade a la salida del LM35 un montaje no inversor con ganancia 3,2 ($G = 1 + \left(\frac{2k2}{1k}\right)$) utilizando un amplificador operacional con alimentación unipolar de 5 V. De este modo, se consigue un rango de medición de temperatura de 0 a 100ºC con una salida en tensión de 0 a 3,2 V, que permite aprovechar el rango de entrada del ADC del ESP32 (0 a 3,3 V) prácticamente al completo.

Para leer el estado del pulsador se añade una resistencia de *pull-down* de 1k, asegurando un valor lógico de 0 mientras no se acciona el pulsador, y un condensador de 10nF para filtrar los posibles rebotes de la señal.

Luego, se añade una resistencia en serie con el diodo LED para limitar la corriente. Se indica una resistencia de 1k como referencia, aunque el usuario podrá proponer cualquier otro valor dentro del rango de corriente permitido para ajustar luminosidad si fuese necesario.

SOFTWARE ESP32

Se propone el uso del entorno de desarrollo Arduino IDE para el desarrollo software y programación del ESP32. Esta herramienta ampliamente conocida ofrece una interfaz sencilla con multitud de librerías hardware y software que simplifican el flujo de trabajo. Además, resulta una opción muy interesante para el desarrollo de prototipos tanto en el ámbito laboral como en el académico.

El software Arduino IDE se puede descargar directamente desde la web oficial de Arduino en la sección de descargas (https://www.arduino.cc/en/software, Figura 74). Una vez descargado, se procede a la instalación.

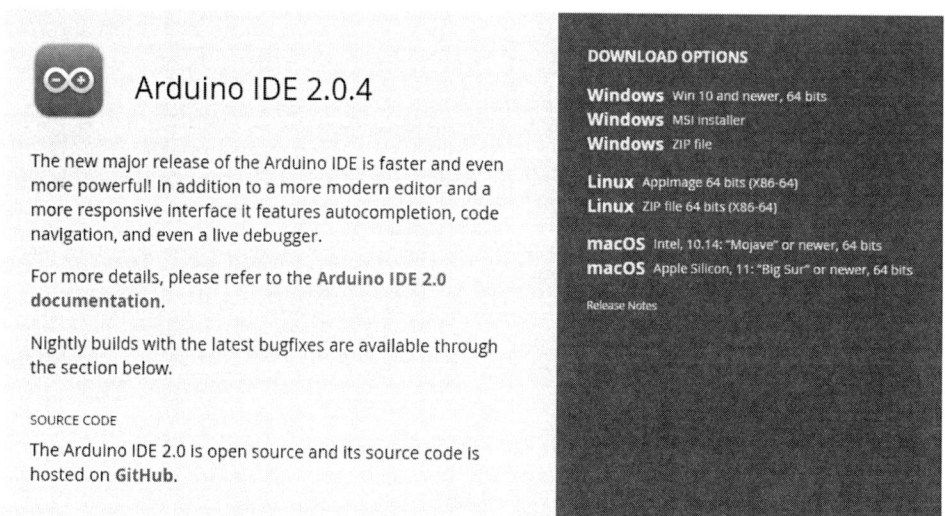

Figura 74. Web de descarga de Arduino IDE

Antes de continuar con la configuración de herramientas y librerías en Arduino IDE, es importante realizar la instalación de los drivers necesarios para la conexión de la placa de desarrollo ESP32 al PC a través de USB. Concretamente, son necesarios los drivers de comunicación para el circuito integrado de Silicon Labs CP2102N que incorpora la placa de desarrollo.

Desde la web https://www.silabs.com/developers/usb-to-uart-bridge-vcp-drivers?tab=downloads (Figura 75) se puede descargar el paquete de drivers. Luego, se ejecutará el instalador y se seguirá el procedimiento indicado por el programa para su instalación.

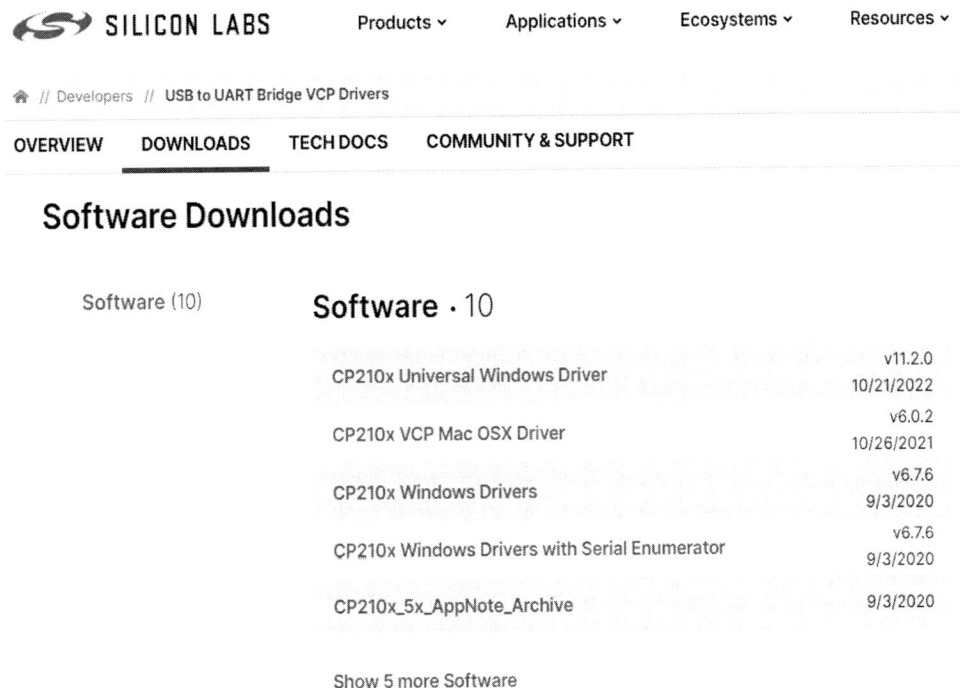

Figura 75. Web de descarga de drivers de comunicación para circuito integrado Silicon Labs CP2102N

Continuando con la configuración de la aplicación en Arduino IDE, el siguiente paso es la instalación del paquete software para la placa de desarrollo ESP32-DevKitC v4. Para ello, una vez arrancado Arduino IDE y creado un nuevo proyecto, se clicará en la parte izquierda en la pestaña "*BOARDS MANAGER*" y se instalará el paquete *esp32* de *Espressif Systems* (Figura 76).

Posteriormente, se conectará la placa de desarrollo al PC a través de un cable micro USB. Luego, en Arduino IDE, se clicará en el desplegable de selección de placa de desarrollo y se selecciona la tarjeta *ESP32 Dev Module* en la columna "*BOARDS*". Además, si se han instalado correctamente los drivers de comunicación USB, debería de aparecer un puerto *COMx Serial Port (USB)* activo en la columna "*PORTS*" (Figura 77).

El siguiente paso es la instalación de las librerías necesarias para nuestra aplicación y que no están preinstaladas en Arduino IDE. Concretamente, se necesita una librería que gestione el protocolo de comunicación MQTT con el rol de cliente. Para ello, se clicará en la parte izquierda en la pestaña "*LIBRARY MANAGER*" y se instalará la librería *PubSubClient* de *Nick O'Leary* (Figura 78). Cabe destacar la facilidad de uso de esta librería, aunque no es la única que implementa este protocolo. Por ello, el usuario podría optar por alguna otra alternativa que cumpla con las funcionalidades requeridas.

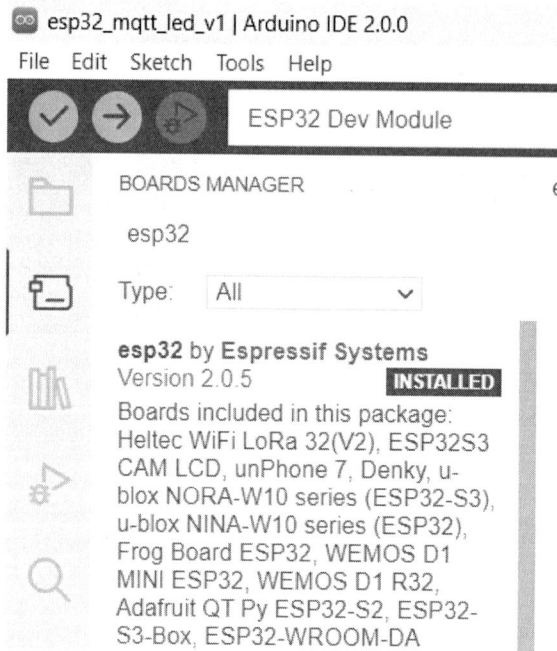

Figura 76. Instalación del paquete esp32 de Espressif Systems en Boards Manager (Arduino IDE)

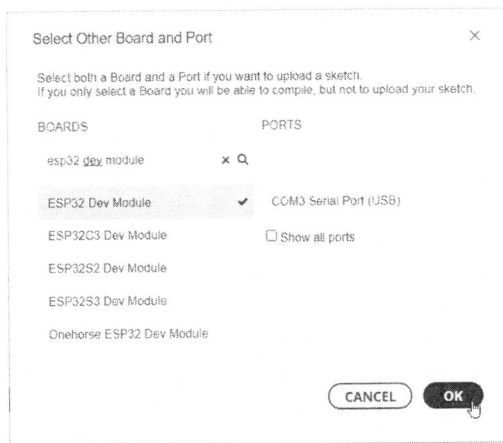

Figura 77. Selección de tarjeta y verificación de puerto serie COMx (USB)

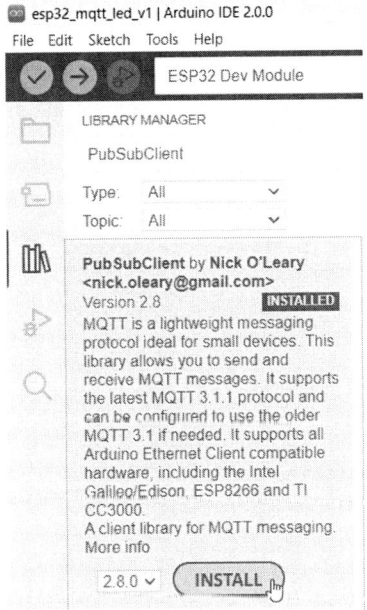

Figura 78. Instalación de librería para gestión de protocolo cliente MQTT

Como se ha comentado anteriormente, las principales tareas del ESP32 serán la lectura de temperatura y del estado del pulsador en intervalos fijos, y de la activación del diodo LED de forma remota. Además, tendrá la responsabilidad de enviar a través de MQTT los valores instantáneos de temperatura, estado del pulsador y estado del LED, y recibir órdenes de encendido y apagado del LED de forma remota también a través de MQTT.

El flujograma de la Figura 79 resume las tareas realizadas por el dispositivo. En primer lugar, se realiza una inicialización de todos los módulos que intervienen en la aplicación. Posteriormente, comienza la ejecución del bucle principal con el chequeo de conexión del cliente MQTT y se realiza una reconexión si es necesario. A continuación, se comprueba si es turno de realizar la lectura de estado del pulsador. En caso afirmativo, se realiza la lectura y se envía su estado al servidor vía MQTT si se ha cumplido el periodo de envíos o si ha cambiado su estado con respecto a la última lectura. Luego, se comprueba si es turno de realizar la lectura de temperatura. En caso afirmativo, se realiza la lectura y se envía el valor de temperatura al servidor vía MQTT. Finalmente, en el turno de realizar el chequeo de recepción de mensajes de los *topics* a los cuales se está suscrito. En concreto, al *topic* relativo a la recepción de órdenes de encendido y apagado del LED. Si se ha recibido una orden, se actualiza el estado del LED.

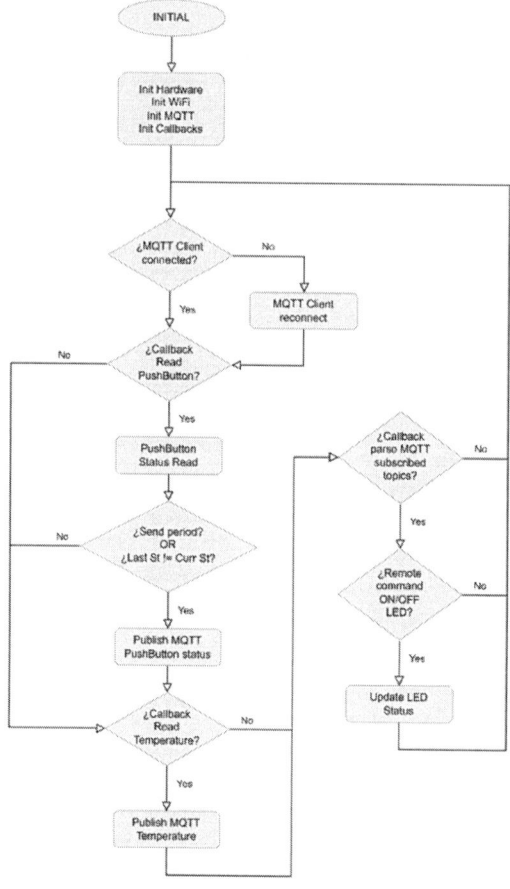

Figura 79. Flujograma de aplicación de ESP32

El código de la aplicación se puede consultar en la sección: Anexo II: Código fuente de aplicación de ESP32. Antes de ser ejecutada, es importante configurar los parámetros de red para que el ESP32 establezca conexión con el servidor. Para ello, en las primeras líneas de código (Figura 80) podemos encontrar una sección comentada con título "*WiFi Network Parameters and Client Instance*". Será necesario indicar el SSID o nombre de la red, la contraseña y la dirección IP del servidor que está ejecutando el servicio del *broker* MQTT Mosquitto.

```
// WiFi Network Parameters and Client Instance
const char* ssid = "my_ssid";
const char* password = "my_password";
const char* mqtt_server = "10.20.24.165";
WiFiClient espClient;
```

Figura 80. Configuración de parámetros de red para ESP32

Finalmente, será necesario verificar que el servicio del *broker* MQTT Mosquitto se está ejecutando en el servidor para poder programar el ESP32 y lanzar la aplicación. En la parte superior izquierda de Arduino IDE se clicará en el botón "*Upload*" (Figura 81).

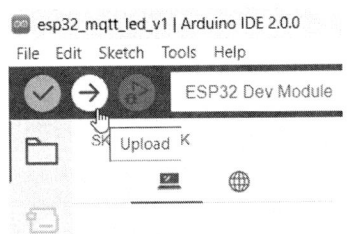

Figura 81. Programación de ESP32

Una vez programado el dispositivo, se podrá comprobar que el programa se ejecuta normalmente accediendo a la pestaña de "*Serial Monitor*", en donde se imprimirá por pantalla el estado de conexión WiFi, conexión MQTT y los valores instantáneos de temperatura y de estado del pulsador, tal y como se indica a continuación:

```
WiFi connected
Attempting MQTT connection...
conected
Temperature: 25
PushButton: 1
```

Gestión de datos con bucket de InfluxDB

El siguiente paso para el desarrollo de la aplicación es la comprobación de recepción de datos de los dispositivos gestionados por el ESP32 en el *bucket* de InfluxDB. En primer lugar, y del mismo modo que se ha descrito en la sección: Configuración de InfluxDB, accederemos a la interfaz de usuario de InfluxDB a través de un navegador web, indicando en la barra de URLs la dirección IP del servidor y el puerto de conexión a InfluxDB. A continuación, es necesario realizar la autenticación de usuario para acceder al menú principal. Luego, en la barra lateral izquierda se clica en la pestaña "*Data Explorer*" (Figura 82).

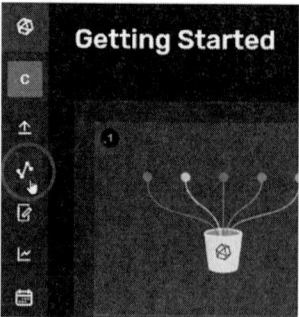

Figura 82. Gestión de datos con InfluxDB: comprobación de recepción de datos en Data Explorer

Una vez dentro, en la parte inferior se dispone de una serie de bloques de ayuda para construir consultas (*queries*) a nuestra BBDD sin necesidad de escribir código. En este caso, realizaremos una comprobación de si los datos procedentes del ESP32 se están almacenando correctamente en nuestro *bucket*. En la Figura 83 se puede observar cómo se construye esta consulta seleccionando en primer lugar el nombre de nuestro *bucket* y luego seleccionando los tres *topics* ("*ctrl/led*", "*sens/button*" y "*sens/temp*"), estableciendo el filtro "*topic*" en el menú desplegable.

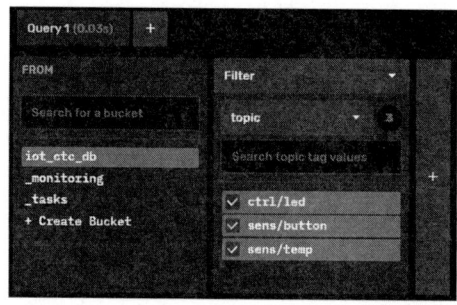

Figura 83. Gestión de datos con InfluxDB: construcción de consulta a BBDD

En la parte inferior derecha, podemos acotar nuestra consulta. Comprobaremos la recepción de datos en el último minuto seleccionando en primer lugar "*View Raw Data*". Luego clicando en el botón de refresco. A continuación, seleccionando el rango de tiempo "*Past 1m*". Y finalmente clicando en "*SUBMIT*" (Figura 84).

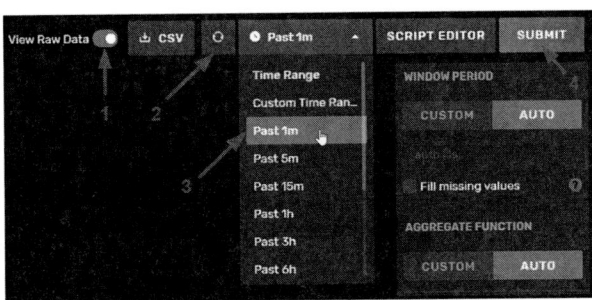

Figura 84. Gestión de datos con InfluxDB: acotar consulta a BBDD

El resultado de la consulta se puede visualizar en la tabla de la parte central de la pantalla. En la Figura 85 vemos cómo se han ido almacenando los valores de los *topics* "*sens/temp*" y "*sens/button*" a lo largo del tiempo. Los valores asociados al *topic* "*ctrl/led*" aparecerán posteriormente en el momento de desarrollar la aplicación de control con Node-RED, como se verá en la sección: Panel de control con Node-RED.

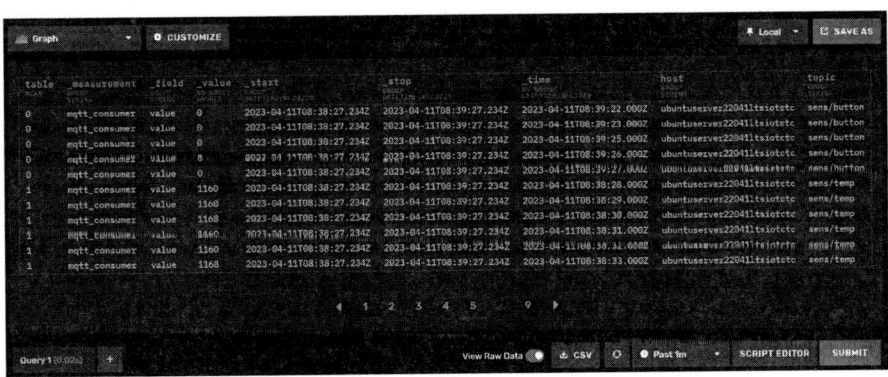

Figura 85. Gestión de datos con InfluxDB: visualización de datos en crudo con Data Explorer

Por otra parte, es posible utilizar la interfaz de usuario de InfluxDB para la creación de *dashboards* y visualizar la evolución de las variables a lo largo del tiempo. Para ello, en la barra lateral izquierda, se clica en la pestaña "*Dashboards*" (Figura 86).

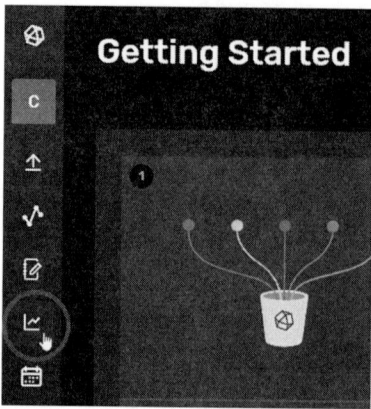

Figura 86. Gestión de datos con InfluxDB: acceso a submenú Dashboards

Una vez dentro, en la parte derecha se clica en el desplegable "+ *CREATE DASHBOARD*" y se selecciona *"New Dashboard"* (Figura 87). A continuación, en la parte superior izquierda, daremos nombre a nuestro *dashboard* y añadimos la primera celda (Figura 88).

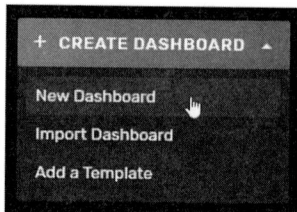

Figura 87.Gestión de datos con InfluxDB: acceso a New Dashboard

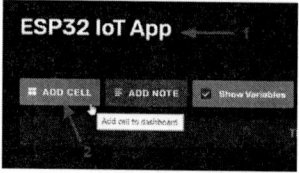

Figura 88. Gestión de datos con InfluxDB: nombrar dashboard y añadir nueva celda

El siguiente paso es la configuración de la celda. En este caso, configuraremos la primera celda para visualizar la evolución de la temperatura a lo largo del tiempo. Para ello, tomando como referencia la Figura 89, en primer lugar, daremos nombre a la celda (1). Luego, seleccionamos *"Graph"* como tipo de visualización (2). Posteriormente, y al igual que se ha comentado anteriormente, se construye una consulta a la BBDD filtrando por *topic*, pero únicamente seleccionando el *topic* "*sens/temp*" (3). A continuación, se establece un rango de tiempo, por ejemplo, de 1 minuto (4). Acto seguido, configuraremos algunos aspectos de nuestra gráfica clicando en "*CUSTOMIZE*" (5).

Figura 89. Gestión de datos con InfluxDB: configuración de celda para visualización de temperatura (paso 1)

Dentro del submenú, seleccionamos tipo de interpolación *Smooth* y etiquetamos el eje Y como "*Temp * 100 (ºC)*", dado que los valores de temperatura que envía el ESP32 están escalados por un factor de 100 (Figura 90).

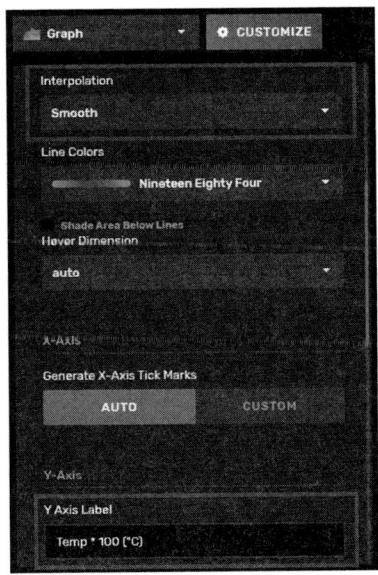

Figura 90. Gestión de datos con InfluxDB: configuración de celda para visualización de temperatura (paso 2)

A continuación, podemos clicar en el botón "*SUBMIT*" para previsualizar el resultado y luego en el botón con el símbolo *check* para aplicar y aceptar cambios (Figura 91).

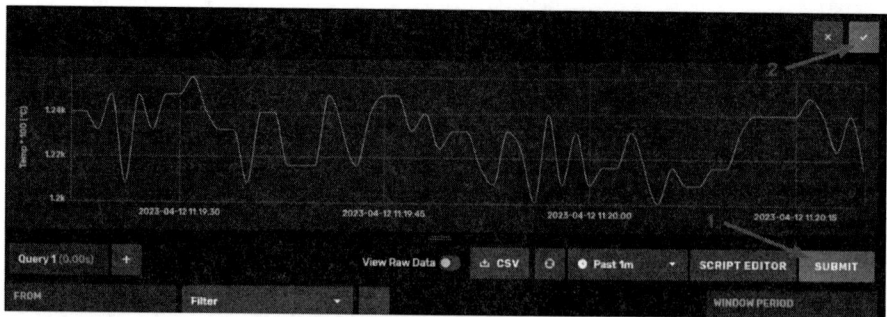

Figura 91. Gestión de datos con InfluxDB: configuración de celda para visualización de temperatura (paso 3)

En la pantalla principal de nuestro *dashboard* aparecerá la nueva celda representando la evolución de la temperatura en el último minuto (Figura 92). Podemos ajustar el tamaño de la celda desde la esquina inferior derecha y así acomodarla al espacio disponible. En este caso, colocamos la celda cubriendo la zona izquierda y dejando un espacio a la derecha para colocar las celdas restantes (estado del pulsador y del LED).

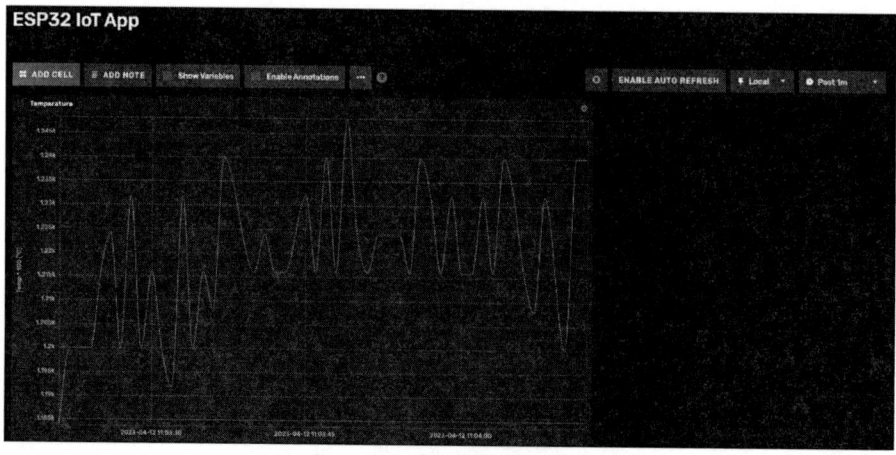

Figura 92. Gestión de datos con InfluxDB: dashboard con celda para representación de la evolución de la temperatura

Para crear la celda que representa el estado del pulsador seguiremos un procedimiento similar al descrito anteriormente para la variable temperatura: dar nombre a la celda, seleccionar tipo *"Graph"*, filtrar por *topic* "sens/button", representar el último minuto y customizar ejes. A continuación, para representar esta variable binaria de una forma más adecuada, configuraremos los siguientes campos dentro del submenú *"CUSTOMIZE"*:

- *Interpolation*: Step.
- *Line Colors*: seleccionar un color diferente al resto de celdas.
- *Y Axis Label*: Status (0-ON; 1-OFF).
- *Y-Value Unit Prefix*: BINARY.
- *Generate Y-Axis Tick Marks*: CUSTOM
  - *Total Tick Marks*: 2
  - *Start Tick Marks At*: 0
  - *Tick Mark Interval*: 1
- *Y Axis Domain*: CUSTOM
  - *Min*: 0
  - *Max*: 1

Posteriormente, clicaremos en *"SUBMIT"* y realizaremos una modificación en el código de la consulta a la BBDD. Para ello, a continuación, clicaremos en *"SCRIPT EDITOR"* (Figura 93) y eliminaremos la línea de código resaltada en la Figura 94.

Figura 93. *Gestión de datos con InfluxDB: modificación de script de consulta a BBDD*

```
Query 1 (0.00s)    +
1  from(bucket: "iot_ctc_db")
2    |> range(start: v.timeRangeStart, stop: v.timeRangeStop)
3    |> filter(fn: (r) => r["topic"] == "sens/button")
4    |> aggregateWindow(every: v.windowPeriod, fn: mean, createEmpty: false)
5    |> yield(name: "mean")
```

Figura 94. *Gestión de datos con InfluxDB: eliminar función de agregación del script de consulta a BBDD*

Luego, clicaremos de nuevo en *"SUBMIT"* para previsualizar el resultado y finalmente en el botón con el símbolo *check* para aplicar y aceptar cambios.

En la Figura 95 se ilustra el *dashboard* con las dos celdas incorporadas (temperatura y estado del pulsador). Luego, para completar el diseño del *dashboard* con la variable de estado del LED, se repetirá el procedimiento seguido para la creación de la celda de estado del pulsador, al tratarse también de una variable binaria.

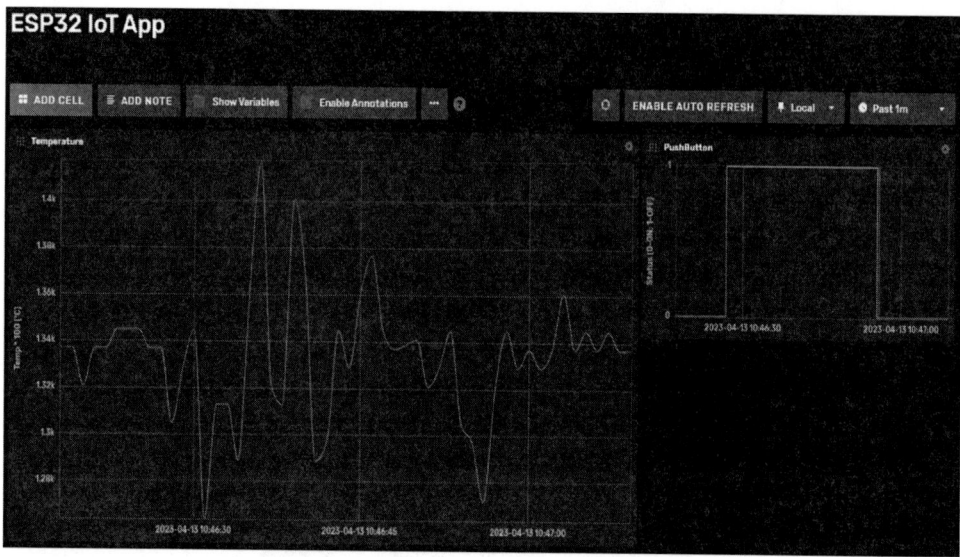

Figura 95. Gestión de datos con InfluxDB: dashboard con celdas para representación de la evolución de la temperatura y del estado del pulsador

Finalmente, establecemos un periodo de refresco del *dashboard* para que se actualice de forma automática. Para ello, en la pantalla principal clicamos en "*ENABLE AUTO REFRESH*" (Figura 96) y configuramos, por ejemplo, un periodo de 10 segundos, sin límite de tiempo y un *timeout* por inactividad de 1 hora (Figura 97).

Figura 96. Gestión de datos con InfluxDB: habilitar refresco automático del dashboard

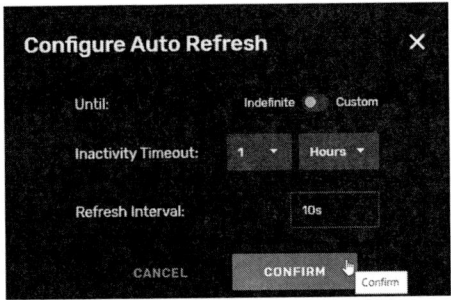

Figura 97. Gestión de datos con InfluxDB: configurar refresco automático del dashboard

Cabe resaltar que en el *bucket* no existe ningún registro hasta el momento de la variable de estado del LED. Esto es así, porque no se ha lanzado ningún comando de control remoto para el encendido y apagado. En la siguiente sección (Panel de control con Node-RED), se describe el procedimiento para la creación de un panel de control que nos permitirá inyectar valores de dicha variable a nuestro *bucket* de InfluxDB.

Finalmente, en la sección: Anexo IV: Fichero JSON con dashboard de InfluxDB, se puede consultar el fichero JSON exportado del *dashboard* de InfluxDB. El fichero puede ser importado por el usuario dentro de su propia aplicación o perfil de InfluxDB, sirviendo como punto de partida para realizar las modificaciones que estime oportunas y conseguir así un diseño adaptado a sus necesidades.

Panel de control con Node-RED

En esta sección se detalla la construcción de un panel de control y visualización utilizando Node-RED como herramienta de desarrollo. Como se ha comentado anteriormente, el objetivo es proporcionar una interfaz para controlar el encendido y apagado del diodo LED de forma remota. Además, podremos representar gráficamente la evolución de las variables a partir de un *dashboard* sencillo, como alternativa a otros más sofisticados ofrecidos por Grafana o InfluxDB.

Para acceder al entorno de desarrollo de Node-RED utilizaremos un navegador web, del mismo modo que para acceder a la UI de InfluxDB. Para ello, escribimos en la barra de URLs la dirección IP del servidor y el puerto de conexión a Node-RED. En este caso, el puerto es el 1880, por tanto, escribiremos en la barra de URLs: http://<ip_del_servidor>:1880. Por ejemplo, si la IP de la MV es 10.20.22.213, escribiremos en la barra de URLs: http://10.20.22.213:1880.

Las principales zonas del entorno de desarrollo se ilustran a partir de la Figura 98.

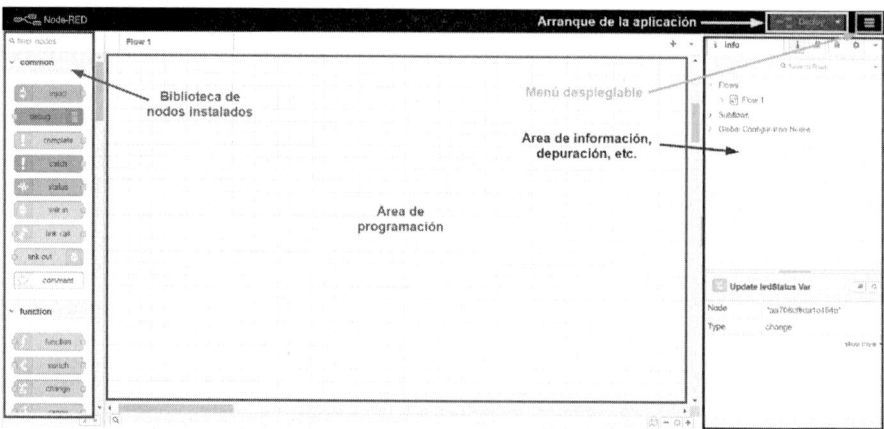

Figura 98. Panel de control con Node-RED: entorno de desarrollo

El primer paso es la instalación de algunas librerías que no se encuentran preinstaladas en Node-RED. En la zona superior derecha, clicamos en el menú desplegable y seleccionamos "*Manage palette*" (Figura 99). A continuación, tomando como referencia la Figura 100, seleccionamos la pestaña "*Install*" (1), luego escribimos en la barra de búsqueda para filtrar por "*ui-widget*" (2) e instalamos las librerías "*node-red-contrib-ui-widget-bulb-basic*" y "*node-red-contrib-ui-widget-thermometer*" (3). Posteriormente, tomando como referencia la Figura 101, filtramos por "*node-red-dashboard*" e instalamos la librería con el mismo nombre.

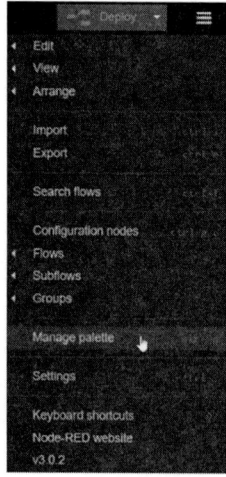

Figura 99. Panel de control con Node-RED: acceso a gestión de librerías

Figura 100. Panel de control con Node-RED: instalación de librerías (parte 1)

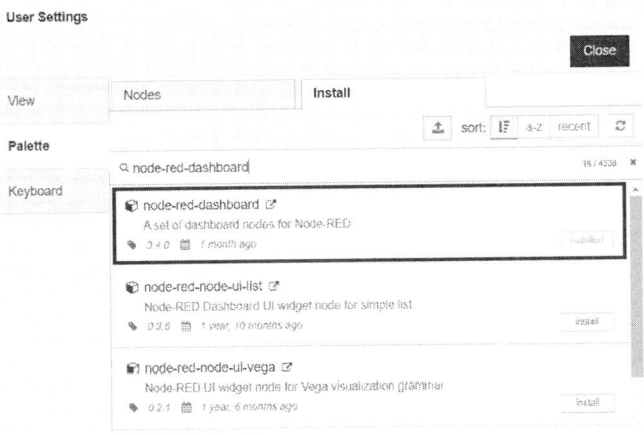

Figura 101. Panel de control con Node-RED: instalación de librerías (parte 2)

En la Figura 102 se puede observar el conjunto de nodos que componen la aplicación. Concretamente, se puede dividir en tres bloques principales:

- LED: gestión de encendido y apagado del LED.
- Temperature: lectura y representación gráfica de la temperatura.
- PushButton: lectura y representación gráfica del estado del pulsador.

En las siguientes subsecciones se aporta una visión general del funcionamiento de la aplicación, tomando como referencia la Figura 102. En cualquier caso, el fichero exportado de la aplicación se puede consultar en la sección: Anexo III: Fichero JSON de la aplicación de Node-RED. De este modo, si se desea conocer con profundidad la configuración de cada uno de los nodos que componen la aplicación, podría importarse el fichero y ejecutarlo en otro equipo instalando previamente las librerías indicadas anteriormente.

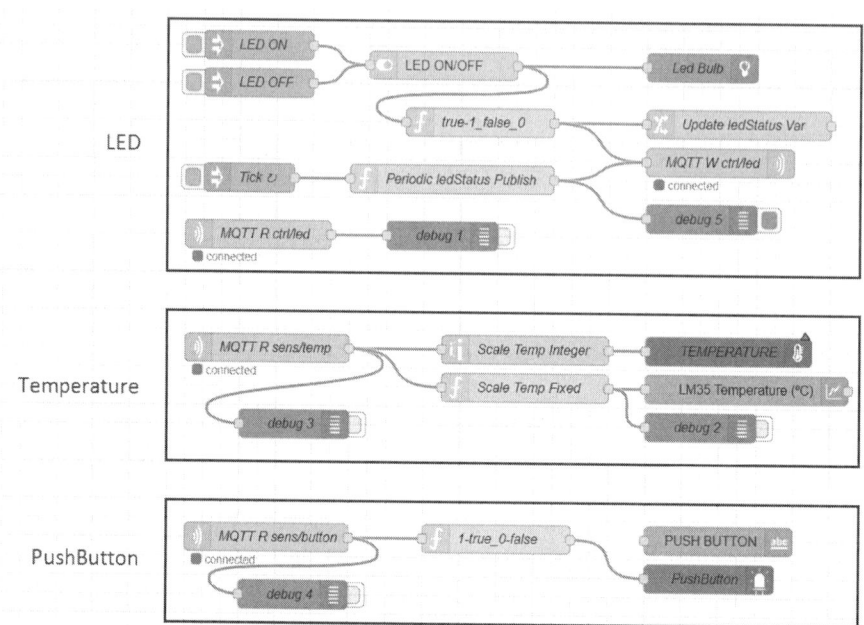

Figura 102. Panel de control con Node-RED: vista general de los nodos de la aplicación

LED

La gestión del LED comienza insertando dos nodos tipo "*inject*" ("LED ON" y "LED OFF") que se utilizan para enviar las órdenes de encendido y apagado desde la misma interfaz de programación. Esto servirá principalmente para tareas de test o comprobación. Concretamente, se configuran los nodos para que inyecten los valores *true* y *false*, respectivamente, al siguiente nodo "*LED ON/OFF*". El nodo "*LED ON/OFF*", que se puede encontrar en la librería "*node-red-dashboard*", habilita un botón deslizante en la interfaz de usuario (UI), la cual se detallará con posterioridad.

Por otra parte, la salida del nodo "*LED ON/OFF*" se conecta al nodo "*Led Bulb*" (perteneciente a la librería "*node-red-contrib-ui-widget-bulb-basic*" previamente instalada). Este nodo insertará en la UI una bombilla que represente gráficamente el encendido y apagado del LED y así verificar el encendido tanto físicamente como en el panel de control.

La salida del nodo "*LED ON/OFF*" se lleva también a otro nodo de tipo función ("*true-1_false-0*") que convierte los valores true a 1 y false a 0, para compatibilizar tipos de dato de intercambio a través de MQTT (el estado del LED se representa como 1 si está *ON* y 0 si está *OFF*).

Luego, la salida del nodo "*true-1_false-0*" se conecta a otro nodo "*Update ledStatus Var*" que actualiza el valor de una variable auxiliar de estado del LED dentro de la aplicación de Node-RED.

Además, la salida de "*true-1_false-0*" se conecta a un nodo de escritura MQTT "*MQTT W ctrl/led*", que se encarga de publicar en el *broker* MQTT el valor de estado del LED, sobre el *topic* "*ctrl/led*" y, por tanto, transmitir la orden de encendido o apagado vía MQTT al ESP32.

Hasta este punto básicamente se realiza una gestión remota de encendido y apagado, y se actualiza el valor de estado del LED únicamente en el instante en que cambia de valor.

Siguiendo con los nodos implicados en este bloque, el nodo "*Tick*" se configura para generar un mensaje o estímulo con una frecuencia de 1 segundo. De este modo, el nodo "*Periodic ledStatus Publish*" publica el valor de estado del LED cada segundo, generando registros periódicos en el *bucket* de InfluxDB no solo cuando la variable cambia de estado.

Finalmente, el nodo "*MQTT R ctrl/led*" realiza una lectura del estado de LED, previa suscripción al *topic* "*ctrl/led*", con el objetivo de comprobar la correcta gestión de la información llevada a cabo por el *broker*. Tanto la salida de este nodo como la segunda salida del nodo "*Periodic ledStatus Publish*" se conectan a nodos "*Debug*" para visualizar en el área de depuración (Figura 98) los valores de salida y así comprobar el correcto funcionamiento de la aplicación.

TEMPERATURE

Este bloque se encarga de realizar la consulta del valor actual de temperatura y representarlo gráficamente en la interfaz de usuario.

El primer nodo de este bloque ("*MQTT R sens/temp*") se encarga de consultar al *broker* MQTT el valor de temperatura, previa suscripción al *topic* "*sens/temp*". Como se ha comentado en secciones anteriores, el valor de temperatura se transmite como entero escalado por un factor de 100 para mantener la precisión y evitar la transmisión de datos en coma flotante. Por ello, la salida de dicho nodo se conecta a dos nodos función que realizan el escalado a la inversa y recuperar el valor real de temperatura. El primero ("*Scale Temp Integer*") divide el valor por 100 y redondea el resultado para utilizar un entero y compatibilizar el tipo de dato con el nodo al cual se conecta su salida ("*TEMPERATURE*"). El segundo ("*Scale Temp Fixed*") divide el valor por 100 y ajusta una precisión fija de dos decimales para evitar sobrecargar de información los puntos de la gráfica de la interfaz de usuario.

El nodo "*TEMPERATURE*" (de la librería "*node-red-contrib-ui-widget-thermometer*" previamente instalada) se utiliza para representar un termómetro en la interfaz de usuario con una escala predeterminada.

Por otra parte, el nodo "*LM35 Temperature (ºC)*" (de la librería "*node-red-dashboard*") se encarga de representar gráficamente la evolución de la temperatura a lo largo del tiempo.

Finalmente, al igual que en el anterior bloque, se utilizan nodos "*Debug*" para depurar el funcionamiento de la aplicación.

PUSHBUTTON

Similar al bloque anterior, el bloque *PushButton* se encarga de consultar el estado del pulsador y representarlo gráficamente en la UI de Node-RED.

El nodo "*MQTT R sens/button*" consulta el valor al *broker* MQTT, lo transmite al nodo función "*1-true_0-false*" para realizar la conversión de tipo de dato (de entero a binario) y de aquí, se envía al nodo "*PushButton*", que representa gráficamente el estado a través de un piloto luminoso (encendido: pulsado; apagado: no pulsado).

Finalmente, el nodo "*PUSH BUTTON*" únicamente se utiliza para etiquetar el piloto luminoso en la UI, y se incorpora también un nodo "*Debug*" para tareas de depuración.

CLIENTE MQTT

Todos los bloques descritos anteriormente hacen uso de algún nodo con comunicación MQTT. Concretamente, todos los nodos MQTT de esta aplicación ejecutan el rol de cliente tanto para publicar (escritura) como para suscribirse a un determinado *topic* (lectura).

La configuración de los parámetros de comunicación MQTT se puede realizar desde cualquier nodo MQTT realizando doble clic sobre él. En este sentido, tomando como referencia la Figura 103, será necesario especificar el *topic* (p.ej. "*ctrl/led*"), la etiqueta del nodo (*Name*, p.ej. "*MQTT W ctrl/led*") y editar los parámetros de un *broker* existente o añadir un nuevo *broker*, clicando en el botón anexo al menú desplegable de la opción *Server*.

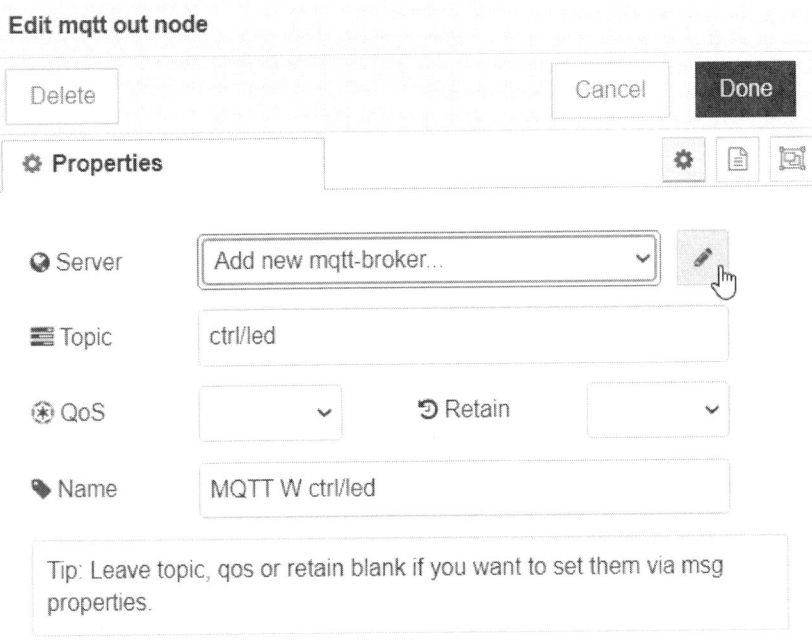

Figura 103. Panel de control con Node-RED: configuración de nodos cliente MQTT

Dentro del submenú de configuración de parámetros del *broker* (Figura 104), se deben insertar los siguientes parámetros:

- Dirección IP del servidor que ejecuta el servicio del *broker* Mosquitto (p.ej., 10.20.22.213).
- Puerto que utiliza el protocolo MQTT por defecto: 1883.
- Seleccionar opción "*Connect automatically*".
- Seleccionar versión de protocolo MQTT V3.1.1.

En este libro no se aborda la configuración de los parámetros restantes. En cualquier caso, para aplicaciones más sofisticadas que requieran la implementación de seguridad, será necesario prestar atención a la configuración de certificados y de las capas de seguridad SSL/TLS.

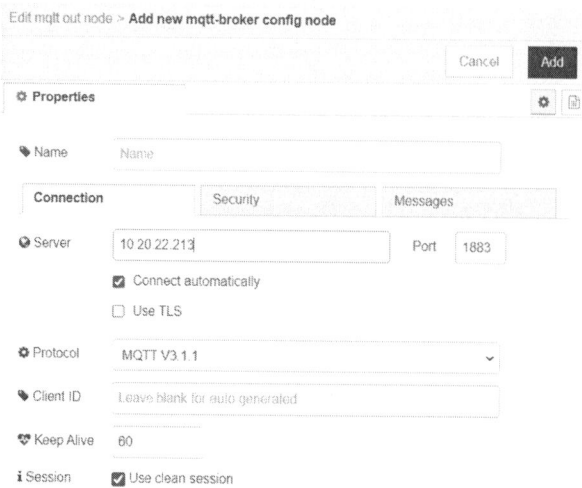

Figura 104. Panel de control con Node-RED: configuración de parámetros de broker MQTT

Finalmente se clica en el botón "*Add*", si se está añadiendo un nuevo *broker*, o "*Update*" si se está modificando uno existente. Luego, al retornar al menú principal del nodo MQTT se clicará en "*Done*" para aplicar cambios y volver al entorno de programación.

EJECUCIÓN Y VISUALIZACIÓN

Para lanzar la aplicación desde el entorno de programación, se clicará en el botón "*Deploy*" (arranque de la aplicación, Figura 98). A continuación, es importante verificar que los nodos MQTT han establecido conexión con el *broker*. Para ello, comprobaremos que los nodos muestran el mensaje "*connected*" con un recuadro de color verde (Figura 105).

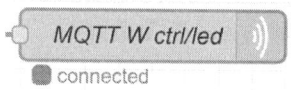

Figura 105. Panel de control con Node-RED: verificación de conexión MQTT

Una vez arrancada la aplicación y verificado el estado de conexión, el acceso a la interfaz de usuario (UI), o panel de control y visualización, se realiza a través de una nueva pestaña del navegador web de manera independiente al entorno de desarrollo. En la nueva pestaña escribiremos en la barra de URLs la dirección IP y el puerto, igual que para acceder al entorno de desarrollo, pero añadiendo "/ui" al final de la cadena. Por ejemplo, http://10.20.22.213:1880/ui.

En la Figura 106 se puede observar el aspecto general del panel de control. Consta de tres zonas: *CONTROL*, *THERMOMETER* y *TEMPERATURE*.

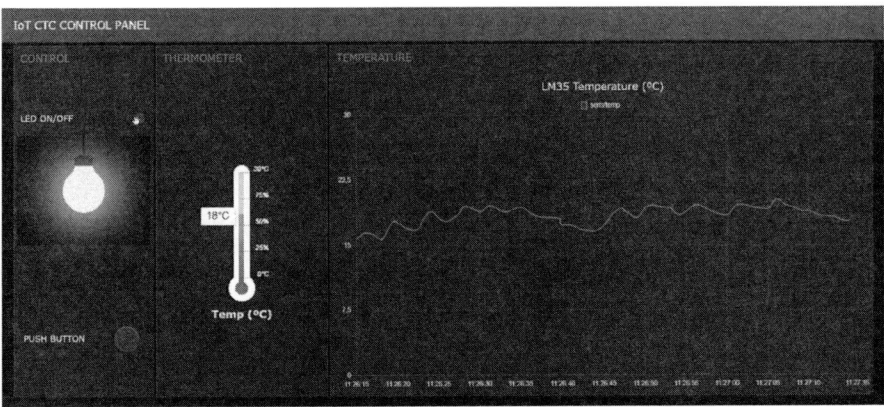

Figura 106. Panel de control con Node-RED: vista general

La zona *CONTROL* dispone de un interruptor deslizante (*slider*) para lanzar la orden de encendido o apagado del LED. Además, el estado se refleja con un icono de bombilla que se iluminará cuando se da la orden de encendido. Luego, en la parte inferior de la zona se ilustra el estado del pulsador a través de un piloto luminoso (pulsado: piloto encendido; no pulsado: piloto apagado).

Por otra parte, la zona *THERMOMETER* integra un termómetro con una escala de temperatura predeterminada que muestra el valor instantáneo de la temperatura en números naturales.

Finalmente, la zona *TEMPERATURE* representa gráficamente la evolución de la temperatura a lo largo del tiempo.

Dashboard con Grafana

En secciones anteriores se han expuesto dos vías alternativas para el diseño de interfaces de visualización. Por una parte, se ha aportado un ejemplo desarrollado a partir de la herramienta de creación de *dashboards* de InfluxDB y, por otra parte, otro ejemplo menos sofisticado, aunque igualmente funcional, a partir de las librerías de *widgets* y *dashboard* de Node-RED.

En esta sección se aporta una alternativa creada a partir de la plataforma Grafana, ya que ofrece mayor flexibilidad para el diseño y está principalmente enfocada en la creación de *dashboards* con un amplio abanico de *drivers* para acceder a datos de múltiples fuentes (distintos tipos de BBDD, plataformas *cloud*, protocolos de comunicación, etc.).

Para acceder a la interfaz de Grafana, utilizaremos nuevamente un navegador web e indicaremos en la barra de URLs la dirección IP de nuestro servidor y el puerto de conexión que utiliza Grafana. En este caso el puerto 3000 (por ejemplo, http://10.20.22.213:3000).

A continuación, se muestra la pantalla de autenticación de usuario (Figura 107). Por defecto, si es la primera vez que se realiza una autenticación, el nombre de usuario y la contraseña son iguales: "*admin*". Acto seguido, el sistema genera una alerta para realizar el cambio de contraseña por seguridad. Es responsabilidad del usuario acometer este paso.

Figura 107. Dashboard con Grafana: autenticación de usuario

Una vez *loggeado*, se muestra el menú principal de Grafana. El primer paso es configurar la fuente de datos que va a alimentar el *dashboard*.

CONFIGURACIÓN DE FUENTE DE DATOS

Para realizar la configuración de la fuente de datos, clicaremos en la pestaña de configuración en la zona izquierda de la pantalla y seleccionaremos *Data sources*

(Figura 108). Una vez dentro del submenú, clicaremos en el botón "*Add data source*" en la zona derecha de la pantalla (Figura 109). Luego, seleccionaremos InfluxDB como tipo de fuente de datos (Figura 110).

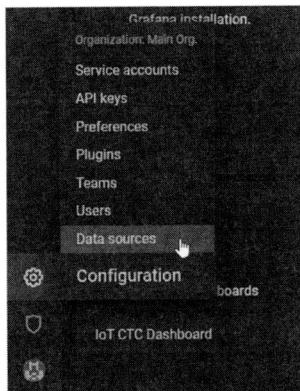

Figura 108. Dashboard con Grafana: acceso a configuración de fuente de datos

Figura 109. Dashboard con Grafana: añadir fuente de datos

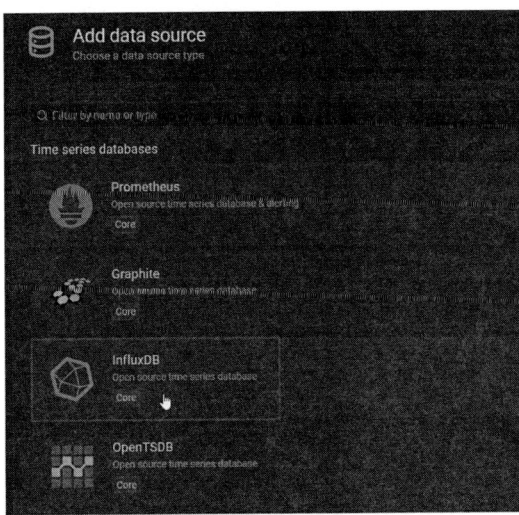

Figura 110. Dashboard con Grafana: selección de InfluxDB como tipo de fuente de datos

Dentro del submenú de configuración de nuestra fuente de datos de InfluxDB, cubriremos los siguientes campos (Figuras 111 y 112):

- *Name*: nombre de nuestra fuente de datos (p.ej., InfluxDB_esp32_iot_app).
- Marcar como fuente de datos por defecto (*Default*).
- *Query Language*: Flux.
- *URL*: URL: dirección IP y puerto donde se aloja el servicio de InfluxDB. En este caso, el mismo equipo (*localhost*). Por tanto, indicaremos: http://localhost:8086.
- Autenticación de usuario (en caso de duda, ver secciones: Configuración de InfluxDB y Gestión de datos con bucket de InfluxDB):
    - *User*: nombre de usuario para autenticación en *bucket* de InfluxDB.
    - *Password*: contraseña para autenticación en *bucket* de InfluxDB.
- *InfluxDB Details* (en caso de duda, ver secciones: Configuración de InfluxDB y Gestión de datos con bucket de InfluxDB):
    - *Organization*: nombre de organización de la cuenta de InfluxDB.
    - *Token*: API Token para conexión con *bucket* de InfluxDB.
    - *Default Bucket*: *bucket* de InfluxDB que alimentará nuestro *dashboard*.

Luego, clicaremos en "*Save & test*" para guardar la configuración y comprobar la conexión con el *bucket*. Si la configuración es correcta y se establece la conexión, deberá indicarse con un mensaje con *check* en color verde (Figura 113).

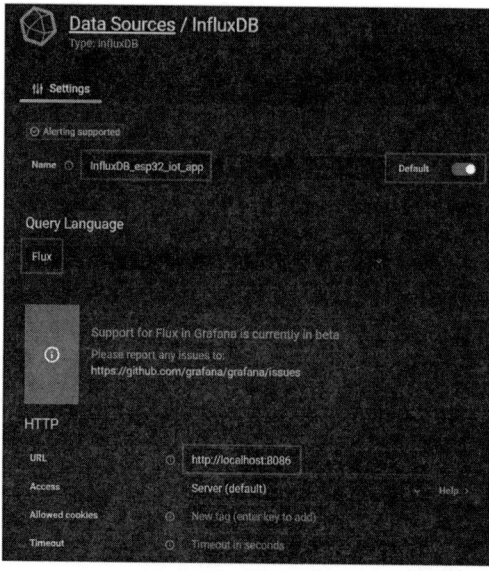

Figura 111. Dashboard con Grafana: configuración de fuente de datos (parte 1)

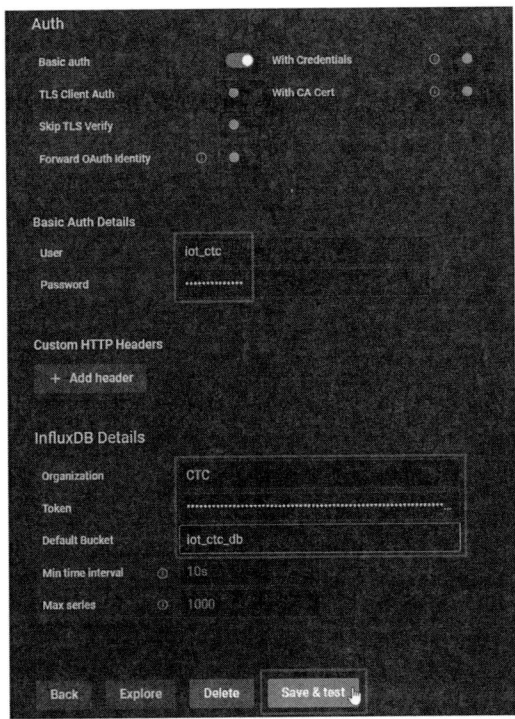

Figura 112. Dashboard con Grafana: configuración de fuente de datos (parte 2)

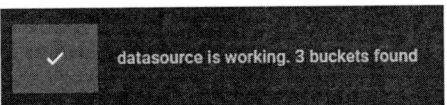

Figura 113. Dashboard con Grafana: verificación de conexión con bucket de InfluxDB

Posteriormente, aparecerá listada en el submenú nuestra fuente de datos que se utilizará por defecto (Figura 114).

Figura 114. Dashboard con Grafana: nueva fuente de datos creada

DISEÑO DE DASHBOARD

Una vez configurada la fuente de datos, el siguiente paso es el diseño de nuestro *dashboard*. Para ello, en la zona izquierda del menú principal, clicaremos en la pestaña del submenú de *"Dashboards"* y seleccionamos *"New dashboard"* (Figura 115). Luego, añadiremos un nuevo panel (Figura 116).

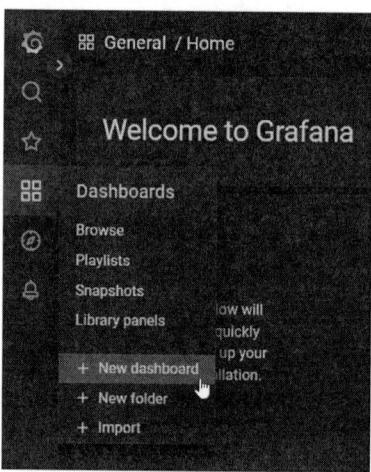

Figura 115. Dashboard con Grafana: nueva fuente de datos creada

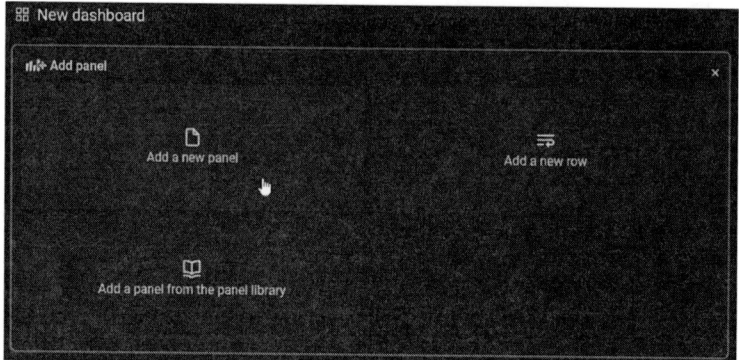

Figura 116. Dashboard con Grafana: añadir nuevo panel

A continuación, dentro del menú de configuración del panel, seleccionaremos la fuente de datos para nuestro *dashboard* e insertaremos el código Flux para realizar una consulta a la BBDD (Figura 117). Concretamente, el código de consulta para representar la evolución de la temperatura.

Cabe resaltar que a este código de consulta se puede acceder desde el submenú *"Data Explorer"* de InfluxDB, realizando el proceso de creación de una consulta a BBDD y filtrando luego por *topic*. Posteriormente, clicando en *"SCRIPT EDITOR"* se mostrará el código de consulta que podremos copiar directamente (en caso de duda, consultar la sección: Gestión de datos con bucket de InfluxDB).

```
from(bucket: "iot_ctc_db")
  |> range(start: v.timeRangeStart, stop: v.timeRangeStop)
  |> filter(fn: (r) => r["topic"] == "sens/temp")
  |> aggregateWindow(every: v.windowPeriod, fn: mean, createEmpty: false)
  |> yield(name: "mean")
```

Figura 117. Dashboard con Grafana: selección de fuente de datos e inserción de código de consulta a BBDD

Volviendo a la configuración del panel de Grafana, se especifica un rango de tiempo de 1 minuto y tipo de gráfico *"Time series"* (Figura 118).

Figura 118. Dashboard con Grafana: selección de rango de tiempo y tipo de gráfico

A continuación, se configuran las opciones de panel (*"Panel options"*, en la zona derecha de la pantalla, Figura 119) con los siguientes parámetros:

- *Title*: Temperature (ºC).
- *Axis/Label*: Temp * 100 (ºC).
- *Graph styles/Line interpolation*: Smooth.
- *Standard options/Color scheme*: Single color - green.

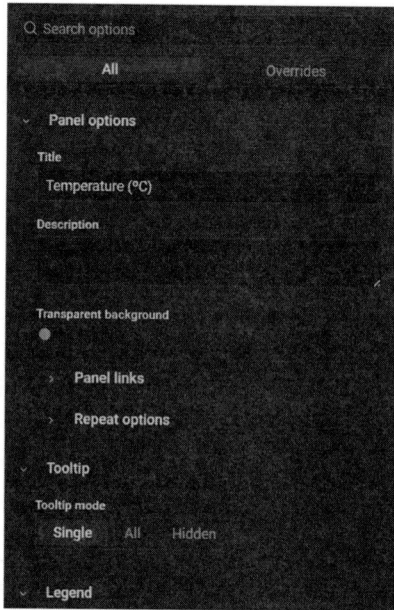

Figura 119. Dashboard con Grafana: configuración de opciones de panel

Luego, se clica en el botón "*Apply*" para aplicar cambios (Figura 120) y visualizar el nuevo panel en la pantalla de nuestro *dashboard* (Figura 121).

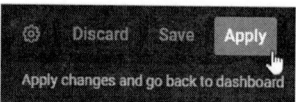

Figura 120. Dashboard con Grafana: aplicar cambios de configuración de panel

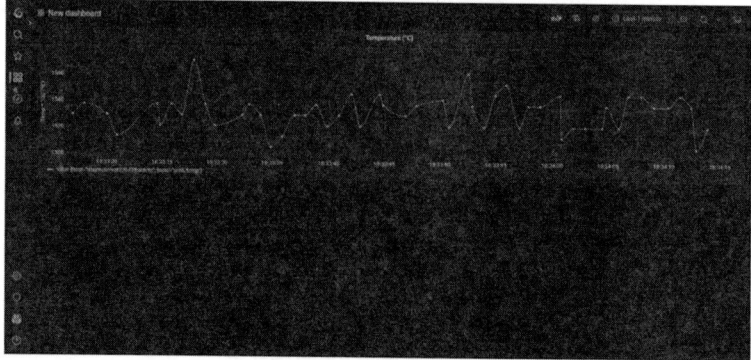

Figura 121. Dashboard con Grafana: dashboard con panel para representación de la evolución de temperatura

Una vez creado el panel, es posible redimensionarlo y/o desplazarlo para un diseño a medida.

El siguiente paso es añadir un nuevo panel para representar el estado del pulsador. En la parte superior derecha de nuestro *dashboard* clicaremos en "*Add panel*" (Figura 122) y seguiremos el mismo procedimiento que con el panel de temperatura en términos de código de consulta a la BBDD. Luego, en cuanto a las opciones de panel, configuraremos las siguientes:

- *Title*: PushButton.
- *Axis/Label*: Status (0-OFF; 1-ON).
- *Graph styles/Line interpolation*: Step after.
- *Standard options/Min*: 0.
- *Standard options/Max*: 1.
- *Standard options/Decimals*: 0.
- *Standard options/Color scheme*: Single color - red.

Figura 122. Dashboard con Grafana: añadir nuevo panel a dashboard

Posteriormente, realizaremos nuevamente el procedimiento para el panel del estado del LED. Las opciones de panel son las siguientes:

- *Title*: LED.
- *Axis/Label*: Status (0-OFF; 1-ON).
- *Graph styles/Line interpolation*: Step after.
- *Standard options/Min*: 0.
- *Standard options/Max*: 1.
- *Standard options/Decimals*: 0.
- *Standard options/Color scheme*: Single color - yellow.

Una vez configurados y distribuidos los paneles, el aspecto general del *dashboard* se muestra en la Figura 123.

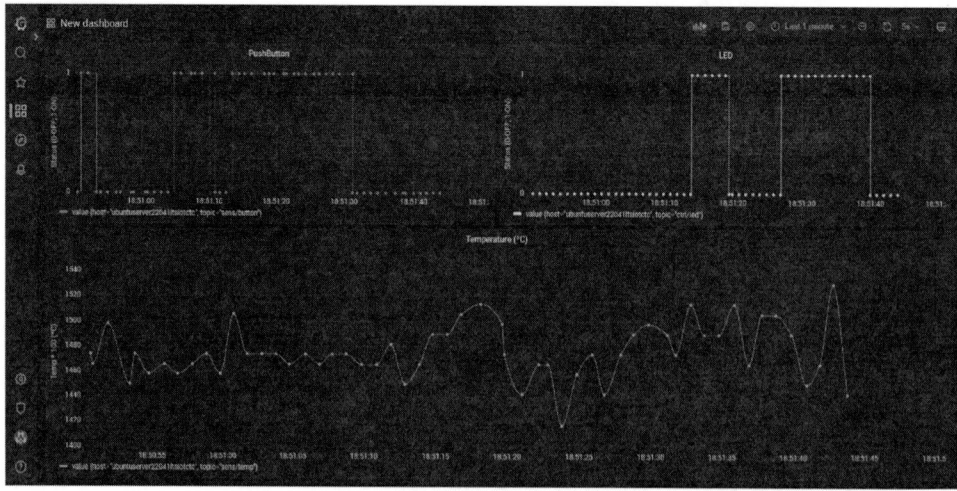

Figura 123. Dashboard con Grafana: aspecto general del dashboard

Como último paso, podemos establecer el rango de tiempo de visualización, el período de refresco automático y guardar y dar nombre al *dashboard* (Figuras 124 y 125).

Figura 124. Dashboard con Grafana: establecimiento de rango de tiempo, período de refresco y guardado de dashboard

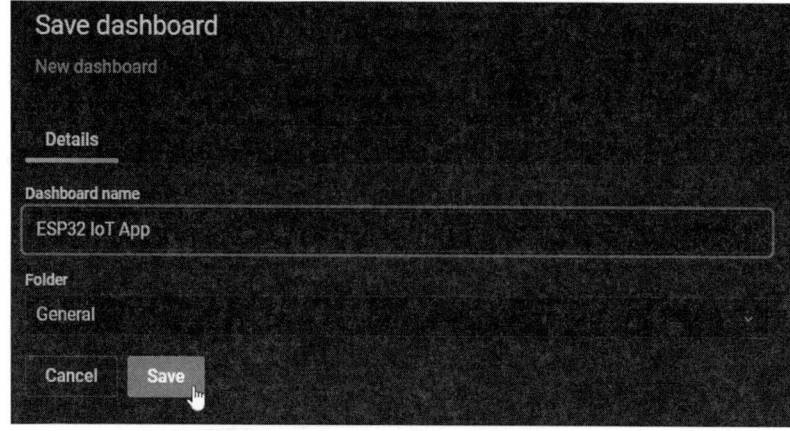

Figura 125. Dashboard con Grafana: nombrar y guardar el dashboard

Finalmente, cabe destacar las opciones existentes para compartir nuestro *dashboard*. En la parte superior izquierda clicamos en "*Share dashboard or panel*" (Figura 126). Una vez dentro, es posible generar un link (Figura 127) a través del cual, cualquier otro equipo dentro de la misma red (sujeto a permisos de conexión y a autenticación previa de usuario) pueda visualizarlo a través de un navegador web. Por otra parte, podemos exportar el *dashboard* en formato JSON (Figura 128) para importar desde otra aplicación. De este modo, se puede utilizar como punto de partida para adaptar a las necesidades específicas de un nuevo proyecto.

Figura 126. Dashboard con Grafana: acceso a submenú de opciones para compartir dashboard

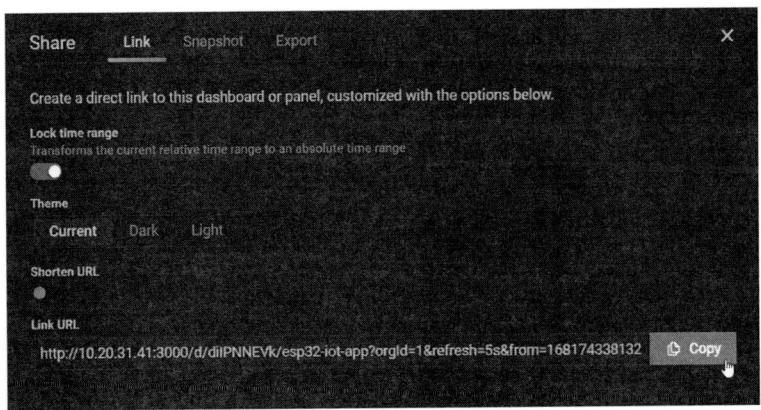

Figura 127. Dashboard con Grafana: link para acceso a dashboard desde cualquier equipo en red con permisos

Figura 128. Dashboard con Grafana: exportación de dashboard en formato JSON

CONCLUSIONES

A lo largo de este libro se ha detallado la creación de un ecosistema IoT a partir de la integración de un paquete de herramientas de software libre sobre un servidor de Ubuntu, además de un dispositivo hardware y una serie de periféricos y sensores de bajo coste.

Con relación al servidor, su virtualización supone una ventaja en un contexto educativo ya que facilita su gestión al no depender de equipamiento hardware adicional más allá que un ordenador personal.

Por otra parte, con esta propuesta se busca aplicar un enfoque multidisciplinar. En primer lugar, la programación de dispositivos hardware con lenguajes de bajo nivel y el manejo del protocolo de comunicación MQTT, ampliamente presente en aplicaciones IoT. Por otra parte, el almacenamiento y gestión de información a través de una base de datos de series temporales. Y, por último, el diseño de paneles de control y visualización a través de novedosos entornos de desarrollo.

Finalmente, cabe resaltar que esta metodología fomenta el trabajo colaborativo. En este sentido, el disponer de un servidor virtualizado permite compartir el trabajo de manera sencilla y es también fácilmente replicable en otros equipos.

BIBLIOGRAFÍA

Aheleroff, S. *et al.* (2020) 'IoT-enabled smart appliances under industry 4.0: A case study', *Advanced Engineering Informatics*, 43. Available at: https://doi.org/10.1016/j.aei.2020.101043.

Dahmani, N. *et al.* (2022) 'Welcome Wagons: A Block Chain based Web Application for Car Booking', in *Proceedings of IEEE/ACS International Conference on Computer Systems and Applications, AICCSA*. Available at: https://doi.org/10.1109/AICCSA56895.2022.10017821.

Grafana Labs (2024) *Grafana - The open observability platform*, *https://grafana.com/grafana/*.

Huang, Y. *et al.* (2023) 'Profit Sharing for Data Producer and Intermediate Parties in Data Trading over Pervasive Edge Computing Environments', *IEEE Transactions on Mobile Computing*, 22(1). Available at: https://doi.org/10.1109/TMC.2021.3073669.

InfluxData (2024) *InfluxDB - The Time Series Data Platform*, *https://portal.influxdata.com/downloads/*. Available at: https://portal.influxdata.com/downloads/ (Accessed: 15 October 2024).

Jove, E. *et al.* (2022) 'Intelligent One-Class Classifiers for the Development of an Intrusion Detection System: The MQTT Case Study', *Electronics (Switzerland)*, 11(3). Available at: https://doi.org/10.3390/electronics11030422.

Khaydaraliev, M., Rhie, M.H. and Kim, K.H. (2022) 'Blockchain-enabled Access Control with Fog Nodes for Independent IoTs', in *International Conference on Information Networking*. Available at: https://doi.org/10.1109/ICOIN53446.2022.9687249.

Madakam, S., Ramaswamy, R. and Tripathi, S. (2015) 'Internet of Things (IoT): A Literature Review', *Journal of Computer and Communications*, 03(05). Available at: https://doi.org/10.4236/jcc.2015.35021.

Mosquitto (2024) *Eclipse Mosquitto - An open source MQTT broker*, *https://mosquitto.org/*.

Nasar, M. and Kausar, M.A. (2019) 'Suitability of influxdb database for iot applications', *International Journal of Innovative Technology and Exploring Engineering*, 8(10). Available at: https://doi.org/10.35940/ijitee.J9225.0881019.

Node-RED (2024) *Node-RED - Low-code programming for event-driven applications*, *https://nodered.org/about/*.

Shafique, K. *et al.* (2020) 'Internet of things (IoT) for next-generation smart systems: A review of current challenges, future trends and prospects for emerging 5G-IoT Scenarios', *IEEE Access*. Available at: https://doi.org/10.1109/ACCESS.2020.2970118.

Yu, R., Yang, C. and Liu, Y. (2022) 'FSC: File Storage in Coded Blockchain with C-PBFT Consensus Protocol', in *Proceedings of International Conference on Service Science, ICSS*. Available at: https://doi.org/10.1109/ICSS55994.2022.00052.

ANEXOS

LISTADO DE ANEXOS

En este capítulo se incluyen los siguientes anexos que componen el proyecto:

- Anexo I: Ejemplo de configuración de fichero "telegraf.conf".
- Anexo II: Código fuente de aplicación de ESP32.
- Anexo III: Fichero JSON de la aplicación de Node-RED.
- Anexo IV: Fichero JSON con dashboard de InfluxDB.

Los ficheros correspondientes a los anexos están disponibles y pueden descargarse desde la web de RC Libros (http://www.rclibros.es). Para ello, el lector debe acceder a la ficha del libro, donde encontrará las instrucciones.

Anexo I: Ejemplo de configuración de fichero "telegraf.conf"

```
# Telegraf Configuration
#
# Telegraf is entirely plugin driven. All metrics are
gathered from the # declared inputs, and sent to the
declared outputs.
# # Plugins must be declared in here to be
active. # To deactivate a plugin, comment out
the name and any variables.
#
# Use 'telegraf -config telegraf.conf -test' to see what
metrics a config # file would generate.
#
# Environment variables can be used anywhere in this config
file, simply surround
# them with ${}. For strings the variable must be within quotes
(ie,
"${STR_VAR}"),
# for numbers and booleans they should be plain (ie,
${INT_VAR}, ${BOOL_VAR})


# Global tags can be specified here in key="value" format.

[global_tags]
  # dc = "us-east-1" # will tag all metrics with dc=us-east-1
  # rack = "1a"
  ## Environment variables can be used as tags, and throughout
  the config file
  # user = "$USER"

# Configuration for telegraf agent

[agent]
  ## Default data collection interval for
  all inputs interval = "10s"
  ## Rounds collection interval to 'interval'
  ## ie, if interval="10s" then always collect on :00, :10,
  :20, etc. round_interval = true

  ## Telegraf will send metrics to outputs in
  batches of at most ## metric_batch_size
  metrics.
```

```
## This controls the size of writes that Telegraf sends to
output plugins. metric_batch_size = 1000

## Maximum number of unwritten metrics per output.
Increasing this value
## allows for longer periods of output downtime without
dropping metrics at the
## cost of higher maximum memory usage.
metric_buffer_limit = 10000

## Collection jitter is used to jitter the collection by a
random amount.
## Each plugin will sleep for a random time within jitter
before collecting.
## This can be used to avoid many plugins querying things
like sysfs at the
## same time, which can have a measurable effect on the
system. collection_jitter = "0s"

## Collection offset is used to shift the collection by the
given amount.
## This can be be used to avoid many plugins querying
constraint devices ## at the same time by manually
scheduling them in time.
# collection_offset = "0s"

## Default flushing interval for all outputs. Maximum
flush_interval will be
## flush_interval +
flush_jitter flush_interval =
"10s"
## Jitter the flush interval by a random amount. This is
primarily to avoid ## large write spikes for users running a
large number of telegraf instances. ## ie, a jitter of 5s
and interval 10s means flushes will happen every 10-15s
flush_jitter - "0s"
## Collected metrics are rounded to the precision
specified. Precision is ## specified as an interval with an
integer + unit (e.g. 0s, 10ms, 2us, 4s).
## Valid time units are "ns", "us" (or "µs"), "ms", "s".
##
## By default or when set to "0s", precision will be set
to the same ## timestamp order as the collection
interval, with the maximum being 1s:
##    ie, when interval = "10s", precision will be "1s"
##        when interval = "250ms", precision will be "1ms"
##
```

```
## Precision will NOT be used for service inputs. It is up to
each individual
## service input to set the timestamp at the appropriate
precision. precision = "0s"

## Log at debug level.
# debug = false
## Log only
error level
messages.
# quiet = false

## Log target controls the destination for logs and can be
one of "file",
## "stderr" or, on Windows, "eventlog".  When set to "file",
the output file ## is determined by the "logfile" setting.
# logtarget = "file"

## Name of the file to be logged to when using the "file"
logtarget.  If set to
## the empty string then logs are written to stderr.
# logfile = ""

## The logfile will be rotated after the time interval
specified.  When set
## to 0 no time based rotation is performed.  Logs are
rotated only when ## written to, if there is no log
activity rotation may be delayed.
# logfile_rotation_interval = "0h"

## The logfile will be rotated when it becomes larger
than the specified ## size.  When set to 0 no size based
rotation is performed.
# logfile_rotation_max_size = "0MB"

## Maximum number of rotated archives to keep, any older logs
are deleted.
## If set to -1, no archives are removed.
# logfile_rotation_max_archives = 5

## Pick a timezone to use when logging or type 'local' for
local time.
## Example: America/Chicago
# log_with_timezone = ""

## Override default hostname, if empty use
os.Hostname() hostname = ""
```

```
## If set to true, do no set the "host" tag in the telegraf
agent. omit_hostname = false

## Method of translating SNMP objects. Can be "netsnmp" which
## translates by calling external programs snmptranslate
and snmptable, ## or "gosmi" which translates using the
built-in gosmi library.
# snmp_translator = "netsnmp"

#################################################################
###############
#                         OUTPUT PLUGINS
#
#################################################################
###############

# Configuration for sending metrics to InfluxDB 2.0

[[outputs.influxdb_v2]]
  ## The URLs of the InfluxDB cluster nodes.
  ##
  ## Multiple URLs can be specified for a single cluster,
  only ONE of the ## urls will be written to each
  interval.
  ##    ex: urls = ["https://us-west-2-
  1.aws.cloud2.influxdata.com"] urls =
  ["http://127.0.0.1:8086"]

  ## Token for authentication.

token =
  "UOPRjSKkahrdcbazGh0SgZq4flYyvaok355ZUN3awhSaekqMYrYJ2n_ZhqDx
  ECuNrQRomTeogtUvr
  IwDqSKKMA=="

  ## Organization is the name of the organization you wish to
  write to. organization = "CTC"

  ## Destination bucket to
  write into. bucket =
  "iot_ctc_db"

  ## The value of this tag will be used to determine the
  bucket.  If this ## tag is not set the 'bucket' option
  is used as the default.
  # bucket_tag = ""
```

```
## If true, the bucket tag will not be added to the metric.
# exclude_bucket_tag = false

## Timeout for HTTP messages.
# timeout = "5s"

## Additional HTTP headers
# http_headers = {"X-Special-Header" = "Special-Value"}

## HTTP Proxy override, if unset values the standard proxy
environment ## variables are consulted to determine which
proxy, if any, should be used. # http_proxy =
"http://corporate.proxy:3128"

## HTTP User-Agent
# user_agent = "telegraf"

## Content-Encoding for write request body, can be
set to "gzip" to ## compress body or "identity" to
apply no encoding.
# content_encoding = "gzip"

## Enable or disable uint support for writing uints influxdb
2.0.
# influx_uint_support = false

## Optional TLS Config for use on HTTP connections.
# tls_ca = "/etc/telegraf/ca.pem"
# tls_cert = "/etc/telegraf/cert.pem"
# tls_key = "/etc/telegraf/key.pem"
## Use TLS but skip chain & host verification
# insecure_skip_verify = false


###############################################################
################
#                         SERVICE INPUT PLUGINS
#
###############################################################
################


# Read metrics from MQTT topic(s)

[[inputs.mqtt_consumer]]
```

```
## Broker URLs for the MQTT server or cluster.  To
connect to multiple ## clusters or standalone servers,
use a separate plugin instance.
##    example: servers = ["tcp://localhost:1883"]
##             servers = ["ssl://localhost:1883"]
##             servers = ["ws://localhost:1883"]
servers = ["tcp://127.0.0.1:1883"]

## Topics that will be subscribed to.

topics = [
    "ctrl/led",
    "sens/temp",
    "sens/button"
]

## The message topic will be stored in a tag specified by
this value.  If set ## to the empty string no topic tag will
be created.
# topic_tag = "topic"

## QoS policy for messages
##    0 = at most once
##    1 = at least once
##    2 = exactly once
##
## When using a QoS of 1 or 2, you should enable
persistent_session to allow ## resuming unacknowledged
messages.
# qos = 0

## Connection timeout for initial connection in seconds
# connection_timeout = "30s"

## Maximum messages to read from the broker that have not
been written by an
## output.  For best throughput set based on the number of
metrics within ## each message and the size of the
output's metric_batch_size.
##
## For example, if each message from the queue contains 10
metrics and the
## output metric_batch_size is 1000, setting this to 100 will
ensure that a
## full batch is collected and the write is triggered
immediately without ## waiting until the next
flush_interval.
```

```
# max_undelivered_messages = 1000

## Persistent session disables clearing of the client session
on connection.
## In order for this option to work you must also set
client_id to identify
## the client.  To receive messages that arrived while the
client is offline, ## also set the qos option to 1 or 2 and
don't forget to also set the QoS when ## publishing.
# persistent_session = false

## If unset, a random client ID will be generated.
# client_id = ""

## Username and password to connect MQTT server.
# username = "telegraf"
# password = "metricsmetricsmetricsmetrics"

## Optional TLS Config
# tls_ca = "/etc/telegraf/ca.pem"
# tls_cert = "/etc/telegraf/cert.pem"
# tls_key = "/etc/telegraf/key.pem"
## Use TLS but skip chain & host verification
# insecure_skip_verify = false

## Data format to consume.
## Each data format has its own unique set of
configuration options, read ## more about them here:
##
https://github.com/influxdata/telegraf/blob/master/docs/DATA_
FORMATS_INPUT.md data_format = "value" data_type = "integer"
# required

## override the default metric name of "exec"
# name_override = "temperature"

## Enable extracting tag values from MQTT topics
## _ denotes an ignored entry in the topic path
# [[inputs.mqtt_consumer.topic_parsing]]
#    topic = ""
#    measurement = ""
#    tags = ""
#    fields = ""
## Value supported is int, float, unit
#    [[inputs.mqtt_consumer.topic.types]]
#       key = type
```

Anexo II: Código fuente de aplicación de ESP32

```
/*
  Project Name: esp32_mqtt_led_v1.ino
  Author: Francisco Zayas Gato
  Date: 23/10/2022
  Version: 1.0.0
  Hardware: ESP32-DevKitC v4
  URL: https://docs.espressif.com/projects/esp-
idf/en/latest/esp32/hw-reference/esp32/get-started-devkitc.html#
  Arduino IDE Board: ESP32 Dev Module
  USB Drivers: CP202x USB-UART Bridge Drivers - CP210x Universal
Windows Driver (https://www.silabs.com/developers/usb-to-uart-
bridge-vcp-drivers?tab=downloads)
  Description: Simple MQTT communication for remote control and
monitoring.
*/

#include <Ticker.h>
#include <WiFi.h>
#include <PubSubClient.h>


// Hardware definitions
#define PIN_LED          13
#define PIN_BUTTON       39
#define LM35ANALOGPIN    A0

// WiFi Network Parameters and Client Instance
const char* ssid = "my_ssid";
const char* password = "my_password";
const char* mqtt_server = "xxx.xxx.xxx.xxx";
WiFiClient espClient;

// MQTT Topic List, Client Instance and MSG Buffers
const char* topicCtrlLed = "ctrl/led";
const char* topicSensTemp = "sens/temp";
const char* topicSensButton = "sens/button";
```

```
PubSubClient client(espClient);
#define MSG_BUFFER_SIZE   50
char msg[MSG_BUFFER_SIZE];

// Ticker instances and periods
#define TEMPREADTICKVAL 1   // seconds
Ticker tempReadTicker;
#define BUTTONREADTICKVAL 0.01 // seconds
Ticker buttonReadTicker;

// LM35 ADC Reading Parameters and Vars
#define ADCVREFmV              3300
#define ADCbits                12
#define ADCRESOLUTION          (1<<ADCbits)
#define ADClsb                 ( float(ADCVREFmV)/ADCRESOLUTION )
#define LM35mVperDegree        10
#define OPAMPgain              float(3.2)
#define LM35mVout(adcVal)    ( ADClsb * (adcVal) )
#define LM35getTemp(adcVal) ( LM35mVout(adcVal) / LM35mVperDegree
)                  // LM35 directo a pin de entrada analógica
//#define LM35getTemp(adcVal) ( LM35mVout(adcVal) / (
LM35mVperDegree*OPAMPgain) )   // LM35 + OPAMP no inversor
#define TEMP_SCALE_FACTOR    100
int analogVal;
uint16_t lm35Temp;

// Button Digital Input Reading Parameters and Vars
#define BUTTONREADMAXTICKS2SEND 100
uint8_t buttonLastState;
uint8_t buttonReadTickCnt = 0;

// Led Status Var
int on_off = 0;

/*

  WiFi Setup Function
*/
void setup_wifi() {
```

```
  delay(10);
  WiFi.begin(ssid, password);
  while (WiFi.status() != WL_CONNECTED) {
    delay(500);
    //Serial.print(".");
  }
  Serial.println("WiFi connected");
}


/*
  Callback function for subscribed topics parsing
*/
void callback(char* topic, byte* payload, unsigned int length) {

  //Serial.print("Incoming msg on Topic: ");
  //Serial.println(topic);

  // TOPIC: "ctrl/led"
  if (strcmp(topic, "ctrl/led") == 0){

    // Arrange buffer and parse msg
    char inmsg[length + 1];
    for (int i = 0; i < length; i++) {
      inmsg[i] = (char)payload[i];
    }
    inmsg[length]= '\0';
    sscanf(inmsg, "%d", &on_off);

    // Led Control
    pinMode(PIN_LED, OUTPUT);
    if(on_off == 0) {
      digitalWrite(PIN_LED, LOW);
    } else {
      digitalWrite(PIN_LED, HIGH);
    }
  }
}
```

```
/*
  MQTT reconnect function
*/
void reconnect() {

  // Infinite loop while connecting
  while (!client.connected()) {
    Serial.println("Attempting MQTT connection...");
    // Create a random client ID
    String clientId = "CTCESP32Client-";
    clientId += String(random(0xffff), HEX);
    // Try to connect
    if (client.connect(clientId.c_str())) {
      Serial.println("connected");
      // We need to subscribe to topics again (if not previously
done)
      client.subscribe(topicCtrlLed);
    } else {
      Serial.println("failed, rc=");
      Serial.print(client.state());
      Serial.println(" trying again in 5 seconds");
      delay(5000);
    }
  }
}


/*
  Temperature reading (Ticker callback function)
*/
void tempReading(void)
{
  analogVal = analogRead(LM35ANALOGPIN);
  //Serial.println(analogVal);
  lm35Temp = (uint16_t)(LM35getTemp(analogVal) *
TEMP_SCALE_FACTOR);
  Serial.printf("Temperature: %f\n",
float(lm35Temp)/TEMP_SCALE_FACTOR);
  snprintf(msg, MSG_BUFFER_SIZE, "%u", lm35Temp);
```

```
  client.publish(topicSensTemp, msg);
}


/*
  Button reading (Ticker callback function)
*/
void buttonReading(void)
{
  uint8_t sendFlag = 0;
  uint8_t buttonCurrentState;

  buttonReadTickCnt++;
  pinMode(PIN_BUTTON, INPUT);
  buttonCurrentState = digitalRead(PIN_BUTTON);
  if(buttonCurrentState != buttonLastState) {
    buttonLastState = buttonCurrentState;
    sendFlag = 1;
  }
  if( (buttonReadTickCnt >= BUTTONREADMAXTICKS2SEND) || (sendFlag
== 1) ) {
    buttonReadTickCnt = 0;
    Serial.printf("PushButton: %u\n", buttonCurrentState);
    snprintf(msg, MSG_BUFFER_SIZE, "%u", buttonCurrentState);
    client.publish(topicSensButton, msg);
  }

}


// ************
// INITIAL SETUP
// ************
void setup() {

  // Hardware init
  pinMode(PIN_LED, OUTPUT);
  pinMode(PIN_BUTTON, INPUT);
  Serial.begin(115200);
```

```
  delay(10);

  // WiFi network connection
  Serial.println();
  Serial.println();
  Serial.print("Connecting to ");
  Serial.println(ssid);
  setup_wifi();
  client.setServer(mqtt_server, 1883);
  client.setCallback(callback);
  tempReadTicker.attach(TEMPREADTICKVAL, tempReading);
  buttonReadTicker.attach(BUTTONREADTICKVAL, buttonReading);

  // Init pushbutton last state
  buttonLastState = digitalRead(PIN_BUTTON);
}


// *********
// MAIN LOOP
// *********
void loop() {

  // Check MQTT conn status and reconnect if necessary
  if (!client.connected()) {
    reconnect();
  }
  // MQTT client tasks
  client.loop();

}
```

Anexo III: Fichero JSON de la aplicación de Node-RED

```
[
{
"id": "75f3b3a7bcdf5738",
"type": "tab",
"label": "Flow 1",
"disabled": false,
"info": "",
"env": []
},
{
"id": "c9537996394da9f5",
"type": "mqtt-broker",
"name": "iot_ctc_mqtt_broker",
"broker": "10.20.31.41",
"port": "1883",
"clientid": "",
"autoConnect": true,
"usetls": false,
"protocolVersion": "4",
"keepalive": "60",
"cleansession": true,
"birthTopic": "",
"birthQos": "0",
"birthPayload": "",
"birthMsg": {},
"closeTopic": "",
"closeQos": "0",
"closePayload": "",
"closeMsg": {},
"willTopic": "",
"willQos": "0",
"willPayload": "",
"willMsg": {},
"userProps": "",
"sessionExpiry": ""
},
{
"id": "5df107ee625fa979",
"type": "ui_tab",
```

```
"name": "IoT CTC CONTROL PANEL",
"icon": "dashboard",
"disabled": false,
"hidden": false
},
{
"id": "ef7e1872d2bb34d5",
"type": "ui_base",
"theme": {
"name": "theme-dark",
"lightTheme": {
"default": "#0094CE",
"baseColor": "#0094CE",
"baseFont": "-apple-system,BlinkMacSystemFont,Segoe
UI,Roboto,Oxygen-Sans,Ubuntu,Cantarell,Helvetica
Neue,sans-serif",
"edited": true,
"reset": false
},
"darkTheme": {
"default": "#097479",
"baseColor": "#097479",
"baseFont": "Verdana,Verdana,Geneva,sans-serif",
"edited": true,
"reset": false
},
"customTheme": {
"name": "Untitled Theme 1",
"default": "#4B7930",
"baseColor": "#4B7930",
"baseFont": "-apple-system,BlinkMacSystemFont,Segoe
UI,Roboto,Oxygen-Sans,Ubuntu,Cantarell,Helvetica
Neue,sans-serif",
"reset": false
},
"themeState": {
"base-color": {
"default": "#097479",
"value": "#097479",
"edited": false
},
"page-titlebar-backgroundColor": {
```

```
"value": "#097479",
"edited": false
},
"page-backgroundColor": {
"value": "#111111",
"edited": false
},
"page-sidebar-backgroundColor": {
"value": "#333333",
"edited": false
},
"group-textColor": {
"value": "#0eb8c0",
"edited": false
},
"group-borderColor": {
"value": "#555555",
"edited": false
},
"group-backgroundColor": {
"value": "#333333",
"edited": false
},
"widget-textColor": {
"value": "#eeeeee",
"edited": false
},
"widget-backgroundColor": {
"value": "#097479",
"edited": false
},
"widget-borderColor": { "value":
"#333333",
"edited": false
},
"base-font": {
"value": "Verdana,Verdana,Geneva,sans-serif"
}
},
"angularTheme": {
"primary": "indigo",
"accents": "blue",
"warn": "red",
```

```
"background": "grey",
"palette": "light"
}
},
"site": {
"name": "Node-RED Dashboard",
"hideToolbar": "false",
"allowSwipe": "false",
"lockMenu": "false",
"allowTempTheme": "true",
"dateFormat": "DD/MM/YYYY",
"sizes": {
"sx": 48,
"sy": 48,
"gx": 6,
"gy": 6,
"cx": 6,
"cy": 6,
"px": 0,
"py": 0
}
}
},
{
"id": "1528f19aa4c3674c",
"type": "ui_group",
"name": "CONTROL",
"tab": "5df107ee625fa979",
"order": 1,
"disp": true,
"width": 5,
"collapse": false,
"className": ""
},
{
"id": "8bcea5a7aaf83a9f",
"type": "ui_group",
"name": "TEMPERATURE",
"tab": "5df107ee625fa979",
"order": 3,
"disp": true,
"width": 14,
```

```
"collapse": false,
"className": ""
},
{
"id": "7a188b34e20d262a",
"type": "ui_group",
"name": "TEMPERATURE 2",
"tab": "5df107ee625fa979",
"order": 3,
"disp": true,
"width": "6",
"collapse": false,
"className": ""
},
{
"id": "3cf73b19612a8de3",
"type": "debug",
"z": "75f3b3a7bcdf5738",
"name": "debug 1",
"active": false,
"tosidebar": true,
"console": false,
"tostatus": false,
"complete": "false",
"statusVal": "",
"statusType": "auto",
"x": 540,
"y": 240,
"wires": []
},
{
"id": "fe1308d76c3cae33",
"type": "mqtt in",
"z": "75f3b3a7bcdf5738",
"name": "MQTT R ctrl/led",
"topic": "ctrl/led",
"qos": "0",
"datatype": "auto-detect",
"broker": "c9537996394da9f5",
"nl": false,
"rap": true,
"rh": 0,
```

```
"inputs": 0,
"x": 340,
"y": 240,
"wires": [
[
"3cf73b19612a8de3"
]
]
},
{
"id": "97e84d17d041ab11",
"type": "mqtt out",
"z": "75f3b3a7bcdf5738",
"name": "MQTT W ctrl/led",
"topic": "ctrl/led",
"qos": "",
"retain": "",
"respTopic": "",
"contentType": "",
"userProps": "",
"correl": "",
"expiry": "",
"broker": "c9537996394da9f5",
"x": 840,
"y": 160,
"wires": []
},
{
"id": "1d7c568686740657",
"type": "inject",
"z": "75f3b3a7bcdf5738",
"name": "LED ON",
"props": [
{
        "p": "payload"
},
{
        "p": "topic",
        "vt": "str"
}
],
"repeat": "",
"crontab": "",
```

```
"once": false,
"onceDelay": 0.1,
"topic": "",
"payload": "true",
"payloadType": "bool",
"x": 340,
"y": 40,
"wires": [
[
"1690566361b4bc1c"
]
]
},
{
"id": "11356f1ff6800ef8",
"type": "inject",
"z": "75f3b3a7bcdf5738",
"name": "LED OFF",
"props": [
{
"p": "payload"
},
{
        "p": "topic",
        "vt": "str"
}
],
"repeat": "",
"crontab": "",
"once": false,
"onceDelay": 0.1,
"topic": "",
"payload": "false",
"payloadType": "bool",
"x": 340,
"y": 80,
"wires": [
[
"1690566361b4bc1c"
]
]
},
{
```

```
"id": "1690566361b4bc1c",
"type": "ui_switch",
"z": "75f3b3a7bcdf5738",
"name": "",
"label": "LED ON/OFF",
"tooltip": "",
"group": "1528f19aa4c3674c",
"order": 1,
"width": 5,
"height": 1,
"passthru": true,
"decouple": "false",
"topic": "topic",
"topicType": "msg",
"style": "",
"onvalue": "true",
"onvalueType": "bool",
"onicon": "",
"oncolor": "",
"offvalue": "false",
"offvalueType": "bool", "officon": "",
"offcolor": "",
"animate": true,
"className": "",
"x": 540,
"y": 60,
"wires": [
[
"dec05ca79a3dd2f1",
"b511f9b0c3860820"
]
]
},
{
"id": "dec05ca79a3dd2f1",
"type": "function",
"z": "75f3b3a7bcdf5738",
"name": "true-1_false_0",
"func": "if(msg.payload == true) {\n    msg.payload = 1;\n}
else {\n    msg.payload = 0;\n}\nreturn msg;",
"outputs": 1,
"noerr": 0,
```

```
"initialize": "",
"finalize": "",
"libs": [],
"x": 580,
"y": 120,
"wires": [
[
"aa708cf8da1c454b",
"97e84d17d041ab11"
]
]
},
{
"id": "8d66d9616406d00d",
"type": "mqtt in",
"z": "75f3b3a7bcdf5738",
"name": "MQTT R sens/temp",
"topic": "sens/temp",
"qos": "0",
"datatype": "auto-detect",
"broker": "c9537996394da9f5",
"nl": false,
"rap": true,
"rh": 0,
"inputs": 0,
"x": 350,
"y": 360,
"wires": [
[
"dd7530e6531c3142",
"0338fa7740b180df",
"1dbdcacb24aabe71"
]
]
},
{
"id": "d7f2b15d3ce2d93b",
"type": "debug",
"z": "75f3b3a7bcdf5738",
"name": "debug 2",
"active": false,
"tosidebar": true,
"console": false,
```

```
"tostatus": false,
"complete": "false",
"statusVal": "",
"statusType": "auto",
"x": 820,
"y": 440,
"wires": []
},
{
"id": "4c8714b6f3011ffa",
"type": "ui_chart",
"z": "75f3b3a7bcdf5738",
"name": "",
"group": "8bcea5a7aaf83a9f",
"order": 1,
"width": 14,
"height": 8,
"label": "LM35 Temperature (°C)",
"chartType": "line",
"legend": "true",
"xformat": "HH:mm:ss",
"interpolate": "bezier",
"nodata": "",
"dot": false,
"ymin": "0",
"ymax": "30",
"removeOlder": 1,
"removeOlderPoints": "",
"removeOlderUnit": "60",
"cutout": 0,
"useOneColor": false,
"useUTC": false,
"colors": [
"#ba698c",
"#aec7e8",
"#2b92f3",
"#2ca02c",
"#98df8a",
"#d62728",
"#ff9896",
"#9467bd",
"#c5b0d5"
```

```
],
"outputs": 1,
"useDifferentColor": false,
"className": "",
"x": 870,
"y": 400,
"wires"
: [ []
]
},
{
"id": "dd7538e6531c3142",
"type": "range",
"z": "75f3b3a7bcdf5738",
"minin": "0",
"maxin": "10000",
"minout": "0",
"maxout": "100",
"action": "scale",
"round": true,
"property": "payload",
"name": "Scale Temp Integer",
"x": 630,
"y": 360,
"wires": [
[
        "9eb05ac3aa095ae1"
]
]
},
{
"id": "fb08400d0108f95c",
"type": "mqtt in",
"z": "75f3b3a7bcdf5738",
"name": "MQTT R sens/button",
"topic": "sens/button",
"qos": "0",
"datatype": "auto-detect",
"broker": "c9537996394da9f5",
"nl": false,
"rap": true,
"rh": 0,
"inputs": 0,
```

```
"x": 350,
"y": 560,
"wires": [
[
            "3c22442ce4098de5",
            "2e39547a473747a7"
]
]
},
{
"id": "f1f5b41c52d32fc4",
"type": "ui_led",
"z": "75f3b3a7bcdf5738",
"order": 4,
"group": "1528f19aa4c3674c",
"width": 2,
"height": 2,
"label": "",
"labelPlacement": "left",
"labelAlignment": "center",
"colorForValue": [
{
"color": "#ffffff", "value":
"false",
            "valueType": "bool"
},
{
"color": "#a72020", "value":
"true",
            "valueType": "bool"
}
],
"allowColorForValueInMessage": false,
"shape": "circle",
"showGlow": false,
"name": "PushButton",
"x": 830,
"y": 600,
"wires": []
},
{
"id": "3c22442ce4098de5",
"type": "function",
```

```
"z": "75f3b3a7bcdf5738",
"name": "1-true_0-false",
"func": "if(msg.payload == 0) {\n      msg.payload = false;\n}
else
{\n      msg.payload = true;\n}\nreturn msg;",
"outputs": 1,
"noerr": 0,
"initialize": "",
"finalize": "",
"libs": [],
"x": 600,
"y": 560,
"wires": [
[
"f1f5b41c52d32fc4"
]
]
},
{
"id": "e6cd975a3c7685fe",
"type": "ui_text",
"z": "75f3b3a7bcdf5738",
"group": "1528f19aa4c3674c",
"order": 3,
"width": 3,
"height": 2,
"name": "",
"label": "PUSH BUTTON",
"format": "{{msg.payload}}",
"layout": "col-center",
"className": "",
"x": 840,
"y": 560,
"wires": []
},
{
"id": "b511f9b0c3860820",
"type": "ui_widget_bulb_basic",
"z": "75f3b3a7bcdf5738",
"group": "1528f19aa4c3674c",
"order": 2,
"width": 5,
```

```
"height": 5,
"name": "Led Bulb",
"title": " ",
"color": "#feefd8",
"x": 820,
"y": 60,
"wires": []
},
{
"id": "0338fa7740b180df",
"type": "debug",
"z": "75f3b3a7bcdf5738",
"name": "debug 3",
"active": false,
"tosidebar": true,
"console": false,
"tostatus": false,
"complete": "false",
"statusVal": "",
"statusType": "auto",
"x": 380,
"y": 440,
"wires": []
},
{
"id": "2e39547a473747a7",
"type": "debug",
"z": "75f3b3a7bcdf5738",
"name": "debug 4",
"active": false,
"tosidebar": true,
"console": false,
"tostatus": false,
"complete": "false",
"statusVal": "",
"statusType": "auto",
"x": 380,
"y": 620,
"wires": []
},
{
"id": "9eb05ac3aa095ae1",
```

```
"type": "ui_widget_thermometer",
"z": "75f3b3a7bcdf5738",
"group": "7a188b34e20d262a",
"order": 3,
"width": 6,
"height": 8,
"name": "TEMPERATURE",
"title": "Temp (°C)",
"colorTop": "#2196f3",
"colorMiddle": "#8bc34a",
"colorBottom": "#f44336",
"unit": "°C",
"scale": "normal",
"minTemp": 0,
"maxTemp": "30",
"x": 850,
"y": 360,
"wires": []
},
{
"id": "1dbdcacb24aabe71",
"type": "function",
"z": "75f3b3a7bcdf5738",
"name": "Scale Temp Fixed",
"func": "msg.payload = Number(msg.payload /
100).toFixed(2);\nreturn msg;", "outputs": 1,
"noerr": 0,
"initialize": "",
"finalize": "",
"libs": [],
"x": 630,
"y": 400,
"wires": [
[
"4c8714b6f3011ffa",
"d7f2b15d3ce2d93b"
]
]
},
{
"id": "aa708cf8da1c454b",
"type": "change",
```

```
"z": "75f3b3a7bcdf5738",
"name": "Update ledStatus Var",
"rules": [
{
"t": "set",
"p": "ledStatus",
"pt": "flow",
"to": "payload",
"tot": "msg"
}
],
"action": "",
"property": "",
"from": "",
"to": "",
"reg": false,
"x": 860,
"y": 120,
"wires"
: [ []
]
},
{
"id": "7f719290a65e6975",
"type": "inject",
"z": "75f3b3a7bcdf5738",
"name": "Tick",
"props": [
{
"p": "payload"
},
{
"p": "topic",
"vt": "str"
}
],
"repeat": "1",
"crontab": "",
"once": true,
"onceDelay": 0.1,
"topic": "",
"payload": "",
"payloadType": "date",
```

```
"x": 330,
"y": 180,
"wires": [
[
"bb2fa1164e2843d0"
]
]
},
{
"id": "bb2fa1164e2843d0",
"type": "function",
"z": "75f3b3a7bcdf5738",
"name": "Periodic ledStatus Publish",
"func": "msg.payload = flow.get(\"ledStatus\");\nreturn msg;",
"outputs": 1,
"noerr": 0,
"initialize": "// Code added here will be run once\n// whenever
the node is started.\nflow.set(\"ledStatus\", 0);",
"finalize": "",
"libs": [],
"x": 550,
"y": 180,
"wires": [
[
"97e84d17d041ab11",
"f6e01252e2528817"
]
]
},
{
"id": "f6e01252e2528817",
"type": "debug",
"z": "75f3b3a7bcdf5738",
"name": "debug 5",
"active": true,
"tosidebar": true,
"console": false,
"tostatus": false,
"complete": "false",
"statusVal": "",
"statusType": "auto",
"x": 820,
"y": 220,
```

```
"wires": []
}
]
```

Anexo IV: Fichero JSON con dashboard de InfluxDB

```
{
"meta": {
"version": "1",
"type": "dashboard",
"name": "ESP32 IoT App-Template",
"description": "template created from dashboard: ESP32 IoT App"
},
"content": {
"data": {
"type": "dashboard",
"attributes": {
"name": "ESP32 IoT App",
"description":
"" },
"relationships": {
"label": {
"data": []
},
"cell": {
"data": [
{
"type": "cell",
"id": "0b092ce99ecad000"
},
{
"type": "cell",
"id": "0b0a7201567cc000"
},
{
"type": "cell",
"id": "0b0a945e527cc000"
}
]
},
"variable": {
"data": []
}
}
},
"included": [
{
```

```
"id": "0b092ce99ecad000",
"type": "cell",
"attributes": {
"x": 0,
"y": 0,
"w": 8,
"h": 6
},
"relationships": {
"view": {
"data": {
"type": "view",
"id": "0b092ce99ecad000"
}
}
}
},
{
"id": "0b0a7201567cc000",
"type": "cell",
"attributes": {
"x": 8,
"y": 0,
"w": 4,
"h": 3
},
"relationships": {
"view": {
"data": {
"type": "view",
"id": "0b0a7201567cc000"
}
}
}
},
{
"id": "0b0a945e527cc000",
"type": "cell",
"attributes": {
"x": 8,
"y": 3,
"w": 4,
"h": 3
```

```
},
"relationships": {
"view": {
"data": {
"type": "view",
"id": "0b0a945e527cc000"
}
}
}
},
{
"type": "view",
"id": "0b092ce99ecad000",
"attributes": {
"name": "Temperature",
"properties": {
"shape": "chronograf-v2",
"queries": [
{
"text": "from(bucket: \"iot_ctc_db\")\n  |> range(start:
v.timeRangeStart, stop: v.timeRangeStop)\n  |> filter(fn: (r)
=> r[\"topic\"] == \"sens/temp\")\n  |> aggregateWindow(every:
v.windowPeriod, fn: mean, createEmpty: false)\n  |> yield(name:
\"mean\")",
"editMode": "advanced",
"name": "",
"builderConfig": {
"buckets": [],
"tags": [
{
"key": "_measurement",
"values": [],
"aggregateFunctionType": "filter"
}
],
"functions": [
{
"name": "mean"
}
],
"aggregateWindow": {
"period": "auto",
"fillValues": false
}
}
```

```
        }
      }
    ],
    "axes": {
      "x": {
        "bounds": [
          "",
          ""
        ],
        "label": "",
        "prefix": "",
        "suffix": "",
        "base": "10",
        "scale": "linear"
      },
      "y": {
        "bounds": [
          "",
          ""
        ],
        "label": "Temp * 100 (°C)",
        "prefix": "",
        "suffix": "",
        "base": "10",
        "scale": "linear"
      }
    },
    "type": "xy",
    "staticLegend": {
      "colorizeRows": true,
      "opacity": 1,
      "orientationThreshold": 100000000,
      "widthRatio": 1
    },
    "geom": "monotoneX",
    "colors": [
      {
        "id": "f13a2939-d20a-4ed2-8e23-2d18870bd3d1",
        "type": "scale",
        "hex": "#31C0F6",
        "name": "Nineteen Eighty Four",
        "value": 0
      },
      {
```

```
"id": "b2707086-4d4a-47f7-bb5b-067d9bea2c00",
"type": "scale",
"hex": "#A500A5",
"name": "Nineteen Eighty Four",
"value": 0
},
{
"id": "c4992364-4af6-40ad-a7ac-11bc772225e2",
"type": "scale",
"hex": "#FF7E27",
"name": "Nineteen Eighty Four",
"value": 0
}
],
"note": "",
"showNoteWhenEmpty": false,
"xColumn": "_time",
"generateXAxisTicks": [],
"xTotalTicks": 0,
"xTickStart": 0,
"xTickStep": 0,
"yColumn": "_value",
"generateYAxisTicks": [],
"yTotalTicks": 0,
"yTickStart": 0,
"yTickStep": 0,
"shadeBelow": false,
"position": "overlaid",
"timeFormat": "",
"hoverDimension": "auto",
"legendColorizeRows": true,
"legendHide": false,
"legendOpacity": 1,
"legendOrientationThreshold":
100000000
}
}
},
{
"type": "view",
"id": "0b0a7201567cc000",
"attributes": {
"name": "PushButton",
```

```
"properties": {
"shape": "chronograf-v2",
"queries": [
{
"text": "from(bucket: \"iot_ctc_db\")\n  |> range(start:
v.timeRangeStart, stop: v.timeRangeStop)\n  |> filter(fn: (r)
=> r[\"topic\"] == \"sens/button\")\n  |> yield(name:
\"mean\")",
"editMode": "advanced",
"name": "",
"builderConfig": {
"buckets": [],
"tags": [
{
"key": "_measurement",
"values": [],
"aggregateFunctionType": "filter"
}
],
"functions": [
{
"name": "mean"
}
],
"aggregateWindow": {
"period": "auto",
"fillValues": false
}
}
}
],
"axes": {
"x": {
"bounds": [
"",
""
],
"label": "",
"prefix": "",
"suffix": "",
"base": "10",
"scale": "linear"
},
"y": {
```

```
"bounds": [
"0",
"1"
],
"label": "Status (0-ON; 1-OFF)",
"prefix": "",
"suffix": "",
"base": "2",
"scale": "linear"
}
},
"type": "xy",
"staticLegend": {
"colorizeRows": true,
"opacity": 1,
"orientationThreshold": 100000000,
"widthRatio": 1
},
"geom": "step",
"colors": [
{
"id": "71dc6053-2e54-4576-a4f7-0a3ee52a86ba",
"type": "scale",
"hex": "#74D495",
"name": "Atlantis",
"value": 0
},
{
"id": "f22a9fae-89c9-468b-ab59-fc6ffcd85952",
"type": "scale",
"hex": "#3F3FBA",
"name": "Atlantis",
"value": 0
},
{
"id": "131a2cd6-08a9-4811-bf13-9ef3015b65e5",
"type": "scale",
"hex": "#FF4D9E",
"name": "Atlantis",
"value": 0
}
],
"note": "",
```

```
"showNoteWhenEmpty": false,
"xColumn": "_time",
"generateXAxisTicks": [],
"xTotalTicks": 0,
"xTickStart": 0,
"xTickStep": 0,
"yColumn": "_value",
"generateYAxisTicks": [
"yTotalTicks",
"yTickStart",
"yTickStep"
],
"yTotalTicks": 2,
"yTickStart": 0,
"yTickStep": 1,
"shadeBelow": false,
"position": "overlaid",
"timeFormat": "",
"hoverDimension": "auto",
"legendColorizeRows": true,
"legendHide": false,
"legendOpacity": 1,
"legendOrientationThreshold":
100000000
}
}
},
{
"type": "view",
"id": "0b0a945e527cc000",
"attributes": {
"name": "LED",
"properties": {
"shape": "chronograf-v2",
"queries": [
{
"text": "from(bucket: \"iot_ctc_db\")\n  |> range(start:
v.timeRangeStart, stop: v.timeRangeStop)\n  |> filter(fn: (r)
=> r[\"topic\"] == \"ctrl/led\")\n  |> yield(name: \"mean\")",
"editMode": "advanced",
"name": "",
"builderConfig": {
"buckets": [],
```

```
"tags": [
{
"key": "_measurement",
"values": [],
"aggregateFunctionType": "filter"
}
],
"functions": [
{
"name": "mean"
}
],
"aggregateWindow": {
"period": "auto",
"fillValues": false
}
}
}
}
],
"axes": {
"x": {
"bounds": [
"",
""
],
"label": "",
"prefix": "",
"suffix": "",
"base": "10",
"scale": "linear"
},
"y": {
"bounds": [
"0",
"1"
],
"label": "Status",
"prefix": "",
"suffix": "",
"base": "2",
"scale": "linear"
}
},
"type": "xy",
```

```
"staticLegend": {
"colorizeRows": true,
"opacity": 1,
"orientationThreshold": 100000000,
"widthRatio": 1
},
"geom": "step",
"colors": [
{
"id": "d59eaf36-fcbf-4fa0-9997-9672e324ffb2",
"type": "scale",
"hex": "#FD7A5D",
"name": "Delorean",
"value": 0
},
{
"id": "dfc19762-402c-4e26-aef7-b809c9720ef3",
"type": "scale",
"hex": "#5F1CF2",
"name": "Delorean",
"value": 0
},
{
"id": "574b7029-c063-4ef1-90da-5bdae13d4044",
"type": "scale",
"hex": "#4CE09A",
"name": "Delorean",
"value": 0
}
],
"note": "",
"showNoteWhenEmpty": false,
"xColumn": "_time",
"generateXAxisTicks": [],
"xTotalTicks": 0,
"xTickStart": 0,
"xTickStep": 0,
"yColumn": "_value",
"generateYAxisTicks": [
"yTotalTicks",
"yTickStart",
"yTickStep"
],
```

```
"yTotalTicks": 2,
"yTickStart": 0,
"yTickStep": 1,
"shadeBelow": false,
"position": "overlaid",
"timeFormat": "",
"hoverDimension": "auto",
"legendColorizeRows": true,
"legendHide": false,
"legendOpacity": 1,
"legendOrientationThreshold":
100000000 }
}
}
]
},
"labels": []
}
```

ÍNDICE ANALÍTICO

A

actuadores 31
adaptador de red 11, 12, 25
ADC 51, 98
Amazon AWS 35
amplificador operacional 51
API Token 40, 42, 45, 76
APIs 31, 35
archivo de imagen 10
Arduino 52, 53, 54, 57, 97
arp...23

B

base de datos...............VIII, 28, 31, 47, 85
bases de datos 30
BBDD 30, 31, 32, 40, 45, 48, 58, 59, 60, 63, 74, 78, 79, 81
BigQuery 31
bridged...25
broker.... VIII, 27, 32, 37, 38, 47, 48, 57, 69, 70, 71, 72, 88, 95, 103, 107, 108, 111, 113
broker MQTT..... VIII, 27, 32, 47, 48, 57, 69, 70, 72

bucket 32, 33, 38, 39, 40, 42, 43, 44, 45, 47, 58, 65, 69, 76, 77, 79, 93, 94, 123, 126, 128

C

Chrome 40
ciberseguridad 38
CLI 39
cliente SSH 24
cloud ....VII, 35, 74
código abierto........................VII, 31
computación VII
conectividad ....VII, 23, 27
consola de comandos 20, 21
CPU 12

D

dashboards .... VIII, 31, 35, 59, 73, 74
Debian...................................31, 33, 35, 36
digitalización VII
dirección IP .. 24, 25, 38, 40, 45, 57, 58, 65, 72, 74, 76
disco duro virtual 7, 8, 9
Docker..18

E

Eclipse.. 27, 88
ecosistema .... VIII, 27, 31, 85
Edge.. 40, 87
ESP32 47, 48, 49, 50, 51, 52, 53, 54, 55, 56,
   57, 58, 61, 69, 89, 97, 121
Espressif 47, 49, 53, 54
Ethernet... 15

F

Firefox.. 40
flow-based programming...................... 28

G

geomapas 35
GitHub 31, 33
Google Bigtable 31
Grafana VIII, 23, 31, 34, 35, 36, 47, 48, 65,
   73, 74, 75, 76, 77, 78, 79, 80, 81, 82, 83,
   87

H

histogramas... 35
Host 25

I

ifconfig... 23, 24
Industria 4.0 VII
InfluxDB VIII, 30, 31, 32, 33, 35, 38, 39, 40,
   41, 42, 43, 44, 45, 47, 48, 58, 59, 60, 61,
   62, 63, 64, 65, 69, 73, 75, 76, 77, 79, 87,
   89, 93, 121
interfaz 6, 28, 39, 40, 52, 58, 59, 65, 68, 69,
   70, 72, 74
Internet of Things ....VII, 88
IoT VII, VIII, 1, 23, 27, 30, 31, 32, 34, 47, 48,
   85, 87, 88, 104, 121
IP 11, 25, 40, 45, 65, 71
IP pública 25

J

JSON 65, 67, 83, 89, 103, 121

K

Kubernetes 35

L

LED ...45, 47, 48, 50, 51, 52, 55, 56, 62, 64,
   65, 67, 68, 69, 73, 81, 97, 99, 101, 108,
   109, 110, 128
LM35 .... 49, 51, 70, 98, 112

M

mapas de calor 35
Máquina Virtual.................................... 1, 5
memoria RAM 7
MongoDB 35
Mosquitto ... VIII, 18, 27, 28, 37, 38, 45, 47,
   57, 71, 88
MQTT 23, 27, 32, 33, 37, 38, 44, 45, 47, 54,
   55, 56, 57, 69, 70, 71, 72, 85, 87, 88, 94,
   95, 96, 97, 100, 102, 107, 108, 111, 113
MV 1, 5, 6, 7, 8, 9, 10, 11, 12, 13, 16, 24,
   25, 40, 65

N

nameif 23
navegador web....28, 40, 58, 65, 72, 74, 83
netstat 23
net-tools 23
Node.js 29, 30
Node-RED ... VIII, 23, 28, 29, 30, 47, 48, 59,
   65, 66, 67, 68, 69, 70, 71, 72, 73, 88, 89,
   103, 106
nodered.service.................................... 30
nodos.............28, 29, 67, 68, 69, 70, 71, 72
npm 29, 30

O

OpenSSH.. 18, 19
ORACLE VirtualBox 1, 2

P

pasarela 32
PCB 49, 51
plugins 31, 32, 35, 44, 45, 46, 91
programación gráfica VIII
protoboard 49
protocolo.... VIII, 27, 38, 40, 45, 47, 54, 55,
   71, 85
PuTTY................................... 24, 25, 26

R

rarp 23
Raspberry Pi..29
repositorio 28, 35
revolución tecnológica......................... VII
route 23

S

S.O.1, 5, 6, 7, 10, 13, 20, 24, 25, 30, 31, 33,
35, 40
script 29, 63
sensores.......VII, VIII, 27, 31, 32, 34, 37, 85
series temporales ....VIII, 31, 85
servicios ....VII, VIII, 13, 18, 19, 23, 25, 47
servidor... VIII, 1, 15, 16, 18, 23, 24, 25, 26,
27, 31, 32, 35, 37, 40, 45, 47, 56, 57, 58,
65, 71, 74, 85
sistema operativo ....VIII, 23, 38
sistemas embebidos 27
Smart Cities.. VII
software libre......................VIII, 27, 35, 85
SSH 24, 25, 26, 27

T

Telegraf.. 31, 32, 33, 34, 40, 44, 45, 46, 47,
90, 91
Telegraph..23
TLS/SSL..38
topics 27, 45, 56, 58, 59, 95, 96, 99, 100

U

Ubuntu Server. VIII, 1, 5, 11, 13, 14, 15, 16,
17, 18, 19, 20, 21, 23, 25, 27, 29, 37, 40,
47
UI 39, 40, 41, 42, 43, 44, 65, 68, 70, 72,
104
URL.. 15, 16, 76, 97
USB 13, 53, 54, 55, 97

V

vehículos autónomos............................ VII
virtualización 17, 85
virtualizar..1, 13

W

WiFi........................ 15, 57, 97, 98, 99, 102
Windows...................... 1, 6, 24, 25, 92, 97